影響日本歷史的城市53問

日本古都圖解事典

知れば知るほどおもしろい 日本の古都がわかる事典

八幡和郎
Kazuo Yawata

●參考文獻

《標準日本史地圖》（吉川弘文館）、《新編日本史圖表》（第一學習社）、《圖集 日本都市史》（高橋康夫、宮本雅明、吉田伸之、伊藤毅編輯／東京大學出版會）、《山川世界綜合圖錄》（山川出版社）等，各種歷史地圖皆廣泛參考一般地圖。

另外也根據需要參考《某某縣的歷史散步》系列（山川出版社）、《京都・觀光文化時代 MAP》（新創社編／光村推古書院）和同社的同種歷史地圖、《熟知京都 75 章》（京都高等學校社會科研究會／CREATES KAMOGAWA），以及各種 HP。

尤其是國土地理院、Yahoo!、Google 等地圖和航空照片只要用來比對現存的地圖、資料以及現況。

◆照片提供

奈良縣立畝傍高等學校 p13
太宰府天滿宮 p60
靜岡縣 p203
靜岡市 p203
內閣府 p220

前言

在日本各地，你也許會看過「對了！去京都吧！」、「現在再去一次奈良吧」等宣傳標語。無論什麼年代，「古都」總會吸引許多人。除了與城下町（譯註：以領主居城為中心發展出來的城鎮）和門前町（譯註：以寺廟、神社為中心發展出來的城鎮）同樣都是具有歷史魅力的城鎮之外，人們對於過去首都的憧憬，使得「古都」在人們心中的地位別樹一格。

不用說，京都可謂「古都」的代名詞。

最近，京都連續兩年被美國的著名旅遊雜誌選為世界第一的觀光都市而引起話題，雀屏中選的主因正是京都身為「古都」的美好。雜誌寫道：「超過一千年以上的時間，京都都是天皇居住的都城，京都御所等地留下了皇室的歷史。京都市內各處共有超過兩百間以上的寺院和神社」、「景色與文化、美食饗宴等，比起其他地方，京都提供了旅客各種不同的體驗，無疑是可以讓人留下最美好回憶的地方」。

然而，日本的古都並不只有京都。前往飛鳥等地的旅行也充滿了古代的浪漫。京都郊外到處都是京都人喜愛的風景。在隱岐和佐渡等地，可以感受到被流放的帝王們對於都城的懷念。

另外，鎌倉、安土、伏見、大阪、江戶等地身為「武家首都」的政治中心，展現與京都不同的威武氣息。此外，雖然不是首都，但也不可以忘了大宰府、平泉等發揮副首都機能的地方。

大家知道嗎？「首都」或「都」，其實並沒有明確的定義。不光是我個人，就連學會或政治家也都是隨意定義使用。

地理教科書中將其視為「政府所在地」，例如將荷蘭的首都寫作海牙。然而，根據荷蘭的憲法，阿姆斯特丹才是首都。但阿姆斯特丹沒有三權中的任何一個機關，王室也不在這裡，只是在意識上被認為是首都，現在國王的加冕儀式也在這裡舉行。

如果根據地理教科書的定義，則首都與皇室或王室便沒有了關係，那麼德川時代的首都就會變成江戶，而馬來西亞的首都也不是王都吉隆坡，而是近年政府機關遷移的布城。

二十世紀末的時候，日本針對「首都機能遷移問題」展開了熱烈的討論。然而，由於沒有將是否遷移皇居列入討論的範圍，因此使用的不是「首都遷移」，而是「首都機能遷移」這樣模糊的字眼。

另外，當時的東京都知事石原慎太郎批評「大阪都構想」，指出「沒有皇居的大阪何以稱為都」。但如果是這樣的話，「近畿」一詞指的是首都附近，那麼稱關西為近畿就成了一件奇怪的事。相反地，如果皇居遷移到了別的地方，那麼關東是否就不能再被稱為「首都圈」了呢？

現在被稱為「都」的東京，一直到1943（昭和18）年為止都是東京府，相當於現在二十三區的區域則是東京市。如此看來，府和市結合成為「都」的說法也成立。

在日本歷史當中，「京」與「宮」的定義不同，這一點曾經引起話題。例如，有一板一眼的學者主張，姑且不論平成京和藤原京，由於大津京沒有實行「條坊制」，因此稱之為「京」是一件奇怪的事。「條坊制」指的是東西的大路（條）與南北的大路（坊）以棋盤狀配置的都市計畫。

如果是這樣的話，那麼非條坊制的東京使用「京」這個字不就成了詐欺？一般而言，「宮」指的是皇居，而「京」就是圍繞「宮」所形成的都市。只要形成了都市，不就可以稱作為「京」了嗎？

再看到海外，就像凡爾賽（法國）和波茨坦（德國），王室遷移到了首都郊外的宮殿。另外也有像西班牙的王室一般，實際居住的地方並非王宮，而是郊外的別館。

原本，首都不僅限於政治，同時也是經濟、文化、宗教等，在該國各方面都處於頂點的地方，也就是所謂的文明中心。然而，如同僅將王宮和政治機能遷移到郊外的凡爾賽，又或是華盛頓（美國）這般，在共和制之下，首都單純成為了政治行政都市。這是由於像美國這樣的聯邦國家，僅某個地方具有首都機能是一件很奇怪的事，在這樣的理論下所導出的結論。

這樣的理論受到了非在地方分權的主旨下成立的聯邦國家的支持，巴西利亞（巴西）和坎培拉（澳洲），以及奈及利亞的阿布加、緬甸的奈比多等，出現了許多新首都的建設。

放眼世界，許多國家的三權機關分別設在不同的都市。在南非，政府位於普利托利亞、國會位於開普敦、最高法院則位於布隆泉。另外，雖然不是國家，但ＥＵ（歐盟）的總部位於布魯賽爾、議會位於史特拉斯堡、法院位於盧森堡、中央銀行則位於法蘭克福（德國）。

過去中世紀的歐洲，王室會帶著所有的公文前往全國各地。為了調配食糧，這也是必要之舉。

另外，佛朗哥時期（１９３９～７５年）的西班牙，到了夏天，就會把政府機能遷移到名為聖塞巴斯提安的避暑地。這個位於巴斯克地區的避暑地，美味的 Tapas（小菜），讓這個地方最近受到世界各地美食家的矚目。

東京都的英譯為 Tokyo Metropolis。說到英文的「metropolis」，是紐約的形容詞。

副首都，或是陪都，在古代的中國和日本都有許多這樣的都市。

希望各位能夠根據上述關於「首都」或「都」的基礎知識，慢慢享受閱讀本書的樂趣。本書大致沿著歷史順序，介紹日本首都遷移的時代背景、過去首都的樣子、現在旅行的魅力等，同時也會介紹世界其他首都。

八幡和郎

2016年8月

第1章 古代的首都——日本統一和大王們的足跡

第2章

從飛鳥天平的繁華至平京城

第3章

平安京才能孕育出的王朝文化

第4章

因戰亂而荒廢的京都和副都市

第5章

江戶三都和近代的古都

第1章

古代的首都——日本統一和大王們的足跡

1 神武天皇的風景：橿原和日向

每年到了日本的「建國紀念日（2月11日）」，橿原神宮（奈良縣）就會突然備受矚目。據說，紀元前660年的這一天，初代神武天皇即位。應該有很多人知道，在第二次世界大戰之前，這一天被稱作是「紀元節」。

順道一提，「橿原」的正確讀法是「kashihara」，柏原市（大阪府）才是讀作「kashiwara」。

◆過去不被重視的創業之地

京都車站的近鐵電車有一班前往橿原神宮車站的直通快車，所需時間約五十七分鐘。包括天皇陛下在內的皇族很少搭乘私有鐵路，但這裡非常特別，橿原神宮車站裡甚至還設有貴賓室。

然而，橿原神宮其實並不是一座古老的神社。《日本書紀》中紀載，大海人皇子（後來的天武天皇）在壬申之亂（672年）的時候曾參拜神武陵祈福。如此看來，在中世紀時也許就曾經建有寺院，但逐漸不被重視，到了江戶時代，甚至連其位置也不被人所知。

到了幕府末期，橿原市大久保町的山本御陵古墳被認定為神武陵，到了1890（明治），這附近創建了橿原神宮，皇紀二千六百年祭（1940年），大幅擴展規模。

御陵和神宮皆位於畝傍山東麓，在神武天皇忌日的4月3日，宮中會舉辦神武天皇的祭典，天皇也會派遣勅使前往御陵。

橿原神宮是被譽為日本近代建築之父、出身米澤藩的伊東忠太的作品。他同時也是築地本願寺（東京都）、平安神宮（京都府），以及俳聖殿（三重縣）的設計者。

本殿是移建於1855（安政2）年建造的京都御所賢所而成的重要文化財產。神樂殿也是京都御所神嘉殿移建而成，但於1993（平成5）年燒毀。結婚儀式等使用的文華殿則是於1844（天保15）年興建，原本是柳本藩的陣屋表向御殿（譯註：柳本藩藩廳的正面御殿），這裡的藩主，是織田信長的弟弟——有樂齋的子孫。

●奈良縣立畝傍高級中學

周邊縣立畝傍高中的校舍非常壯觀，於1933（昭和8）年完成，帶有印度的感覺，是非常有趣的日本學校建築。

◆「神武東征」是鎌倉時代的虛構？

每當到了建國紀念日，日本保守派和左派就會針對歷史觀針鋒相對，但我認為兩方的主張都很奇怪。

《日本書紀》和《古事記》（譯註：以下合稱「記紀」）裡面寫的都是一個出生於日向國（宮崎縣）的中年男子，不知道什麼原因，帶著幾個夥伴一起離開故鄉，在吉備國（岡山縣）各地召集了更多夥伴，最後在大和國（奈良縣）的一角建立起一個小小的「國家」，僅僅如此。

書中並沒有寫到他曾是日向國的大領主，

也沒有寫到他率領大軍東征。所謂的「神武東征」，是一直到鎌倉時代才被賦予的形象。

宮崎縣裡有許多與神明相關的遺跡，但除了高千穗峰和美美津港之外，並非自古以來就與日本神話有所連結。一直以來都僅是地方性的神武社，要到明治之後才獲得皇室的背書，成為了宮崎神宮。

「將某某古墳比定為某某陵」等，在歷史學的世界裡，將某樣東西與其他類似的東西相比較，進而判斷其性質，這稱作為「比定」。高千穗的天岩戶不過是日本全國多個「比定地」的其中之一。高千穗神樂在江戶時代後期已經完全尊崇佛教，與神話沒有任何關係。

然而，如果就此判斷這裡與記紀的日向沒有關係，那也言之過早。

◆羅馬帝國的建國神話也模糊不清

天皇家是在第十代的崇神天皇時統一大和國。從這個時候開始，記紀的記述也愈來愈具體。崇神天皇原本是奈良盆地南部的小領主，他的祖先來到大和國建立小國家也是一件非常自然的事。

如此說來，將任天堂擴展成為國際大企業的山內溥氏，他的祖先據說在京都五條販賣花札（紙牌）。因此，任天堂將這間花札屋開始營業的日子訂為公司的創業日慶祝，這其實也不是一件不可思議的事。

崇神天皇成為大和國整體的王，並且征服可說是日本原型的出雲國（島根縣）和吉備國等地，成為大和之主的時候曾說：「九代前，一個名為磐余彥的人，從日向國來到日本最繁華的大和國，建立了小小的國家，這就是大和王國的起源」，這就是神武天皇的建國神話。

●橿原神宮周邊地圖

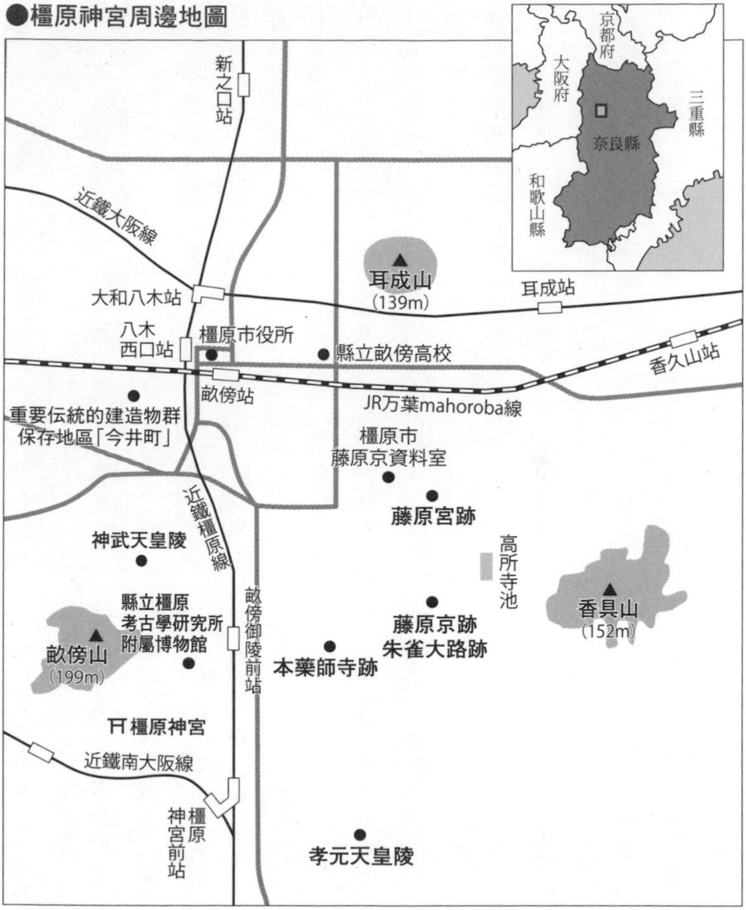

這個名為磐余彥的人是否曾經希望自己的子孫可以統一日本列島不得而知。但在看到羅馬帝國，神話中記載他們的建國者是由狼養大的羅慕路斯，如此一來，如果僅僅批評「日本的神話是捏造的」，難道不是一件奇怪的事嗎？

名產筆記

日向的名產是「冷汁」、燒酒、芒果。最近這裡的牛肉，評價急速上升。

2 邪馬台國——根據畿內說，位於三輪山麓

神聖的三輪山麓有一座箸墓古墳（櫻井市）。這裡被認為是孝靈天皇的皇女、同時也是崇神天皇大叔母的倭迹迹日百襲姬命之墓。墳丘長達二百八十公尺，是早期的大型前方後圓墳，有人認為這個古墳其實是邪馬台國女王卑彌呼之墓。

◆箸墓古墳是卑彌呼的墓嗎？

根據《日本書紀》的紀載，崇神天皇治世之初，由於災害不斷，因此召集了八百萬眾神。此時，大物主神附身百襲姬，昭告人們要祭祀大物主神，照做之後，災害果然就解除了。

百襲姬成為了大物主神的妻子，但丈夫大物主神只有在黑暗中才會前來。有一天，百襲姬要求見到丈夫的真面目，於是大物主神以小蛇的姿態出現。百襲姬看到後大吃一驚，大物主神於是登上三輪山，消失無蹤。懊悔不已的百襲姬癱軟坐地，這時，地上的筷子貫穿陰部，百襲姬就此喪命。因此，這個墓被稱作「箸墓」。

百襲姬的巫女形象讓人聯想起〈魏志倭人傳〉中對卑彌呼的描述，且書中記載卑彌呼葬在一個巨大的墓地，這些是有人認為箸墓古墳其實是卑彌呼之墓的主要根據。

然而，這個時代還有其他許多王女都是巫女，僅因同時代，且墳墓的規模大，就把箸墓古墳和卑彌呼聯想在一起，恐怕是有些勉強。櫻井市的網站上寫著：「箸墓（傳承　卑彌呼之墓）」，但「傳承」指的應該是從過去到現

在的口耳相傳，僅是最近幾個學者提出可能性的假說，稱不上是傳承。

這附近是自崇神天皇起至景行天皇為止，三代天皇的都城。也就是說，這裡是實質上大和朝廷，也就是日本國家成立的地方。

然而，忽視這一個事實，僅憑中國史書上模糊不清的記述，就強調這裡有可能是實際上位置不明的邪馬台國故地，作為地方單位，這樣的做法似乎有些偏頗，不知道大家覺得如何呢？

◆邪馬台國畿內說不成立？

箸墓古墳附近一帶是纏向遺跡。從這裡可以看出自三世紀起就有大規模的祭祀設施，但不可思議的是，附近幾乎沒有住宅的遺跡。有人說，過去這附近應該是宗教城市，但由於線索有限，無法證實。

從纏向遺跡中出土的遺物當中，包含了從

●歷代天皇略系圖
（7代～12代）

東日本到九州各地的產物，當中又多是東海和北陸的東西，西日本，尤其是九州的東西最少。如果邪馬台國的故地真的是在這裡，那麼這一點非常不合情理。

之後還會詳細介紹邪馬台國，但根據史書推論，大和朝廷於三世紀統一大和，逐漸擴展勢力，到了四世紀統一全國，也就是說將九州筑紫地方納入統治。這與主張三世紀中，邪馬台國位於畿內的假說不合，因此，個人認為幾乎可以排除這一個說法。

追根究柢，畿內說最主要的論證依據是因為纏向地方是三世紀中期日本列島最繁華的地方，因此認定這裡一定就是邪馬台國。「與中國交流的國家一定最強大」，這不過是一種媚中的迷思。之後的南蠻船貿易時代，從日本派遣使節去歐洲的是九州的諸大名和東北的伊達政宗，他們也不是當時最強大的大名。

◆相撲發祥地——纏向珠城宮

遷移到大和盆地東南部三輪地方的磯城瑞籬宮，其故地被認為是大神神社南邊的志貴御縣坐神社境內，現在那裡立有石碑。

崇神天皇之子，也就是第十一代垂仁天皇的纏向珠城宮位於JR櫻井線卷向車站向東走十分鐘的位置，那裡也立有石碑。東邊有一座穴師坐兵主神社，立有「宿禰蹴速角力之跡」的石碑。傳說，野見宿禰與葛城的當麻蹴速相撲，踢死了蹴速。根據此一傳說，這裡被認為是相撲的發祥地。

第十二代景行天皇的纏向日代宮位於從纏向珠城宮前往穴師坐兵主神社的路上，現在也立有石碑。《古事記》中歌詠的「纏向的日代宮是朝日的日照宮，夕陽的日輝宮，竹根的根垂宮，樹根的根蔓宮」，就是纏向日代宮。在這裡可以一覽大和盆地，可以實際體會景行天皇的皇子倭建命（日本武尊）歌詠的「大和啊！全國最美的國土。連綿的青山，在那青山圍著的大和，真是美麗的國土」美麗風景。

●纏向遺跡（櫻井市）周邊地圖

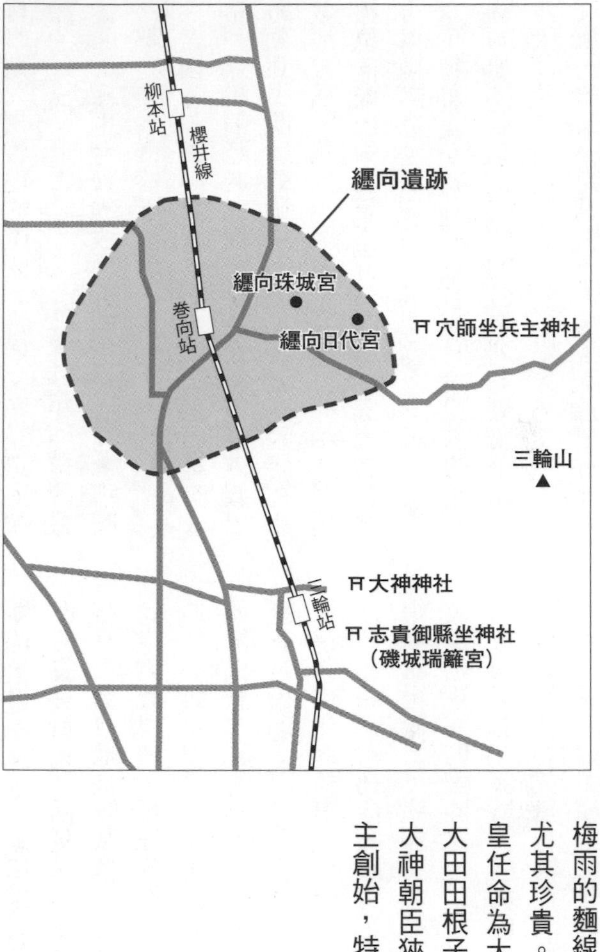

名產筆記

據說三輪地方是麵線的發祥地，現在也是當地名產。尤其是歷經兩次梅雨的麵線被稱為「古物」，尤其珍貴。據說是被崇神天皇任命為大神神社大神主的大田田根子命的十二代子孫大神朝臣狹井久佐的次子穀主創始，特別有價值。

3 邪馬台國——根據九州說，位於筑後或宇佐神宮附近

所謂的「邪馬台國畿內說」，就算從政治史的觀點分析，也是不成立的事。

◆邪馬台國為什麼沒有出現在記紀當中？

卑彌呼第一次遣使中國魏朝是239年的事，據推論，卑彌呼死於248年左右。卑彌呼的養女台與最後一次遣使是在265年。

另一方面，如果將天皇家系譜根據中國和韓國的史書，以及好太王碑（歌頌高句麗十九代王政績的石碑），調整壽命過長的天皇年分，那麼可以推論崇神天皇大約於250年即位，日本武尊等人活躍於300年左右。而仲哀天皇和神功皇后則是在330年代左右，將勢力重心放在筑紫，並開始遠征大陸。

如此一來，卑彌呼死後台與成為女王的時期幾乎與崇神天皇即位重疊，崇神天皇的孫子景行天皇的時代，大和朝廷的勢力擴展到日向國等九州東部，到了他的孫子仲哀天皇的時候，九州全部都由大和朝廷掌管。

邪馬台國在台與遣使之後，中國幾乎沒有相關的紀錄，可見邪馬台國不久之後便滅亡，或是衰退。也就是說，在大和朝廷進入北九州的數十年前，邪馬台國就已經衰亡。因此，邪馬台國的存在並沒有留在大和朝廷的記憶裡，也就是說記紀中沒有相關的紀載也是理所當然的事。如此一來，記紀和中國史書的紀載相符，考古學上也沒有太大的矛盾，也沒有任何的謎題。

◆魏朝使節為什麼沒有去邪馬台國？

那麼，邪馬台國究竟位於何處呢？一般認為位於北九州的某處。我特別注意的是〈魏志倭人傳〉中「自帶方郡至女王國萬二千餘里」的記述。

〈魏志倭人傳〉中，一直到不彌國為止的記述都十分具體，之後僅單純記載「向南走水路二十日可抵達投馬國，從這裡向南走水路十日、陸行一個月，則可到達邪馬台國」。

然而，從被推論為帶方郡的首爾，或是其北方的黃海道至不彌國的距離已經超過一萬里（約一千公里），剩下的距離不到一千三百里。從地理的角度看來，邪馬台國的位置只能是在九州附近。

如此一來，如果要讓畿內說成立，那麼就必須將寫作「南」的方位改成「東」，而且也必須解決距離的問題。同時，為何沒有途中詳細的介紹，這一點也不能忽視。也就是說，為了讓邪馬台國畿內說成立，必須同時解決方位、從帶方郡開始的距離、為何省略途中記述的三個矛盾點。全部都以「古時候的紀載有如此的錯誤或不足也是無可厚非」的理由來解釋，未免過於隨便。

我覺得，魏使節根本沒有去過邪馬台國的推論比較正確。這是因為，卑彌呼並不會這麼輕易見人。如果到了邪馬台國卻見不到女王，使節也不會特意前往。這是從外交角度得出來的結論。

◆讓人聯想到邪馬台國的地名

說到底，任何說法都不可能沒有任何矛盾點，但如果站在〈魏志倭人傳〉作者的角度推論，手上的資料一直到不彌國為止都很詳細，但之後的資料不足，只能夠寫得模糊不清。

包含〈魏志〉在內的《三國志》於280年左右寫成，距離派遣使者前往卑彌呼的邪馬台國已經經過數十年。如果無法從相關人士口中直接聽取詳情，那麼寫下這種模糊的記述也是沒辦法的事。

因此，率直地推論邪馬台國的位置是距離不彌國一百公里左右的地方，應該是最合理的。從首爾附近的帶方郡開始，沿著海岸線航行，到釜山西邊的狗邪韓國（以任那為中心的金官國），距離大約七千餘里。渡海一千里可以抵達對馬國。再往前一千里是一大國（壱岐）。從壱岐跨海一千里可以抵達末盧國（肥前松浦郡。佐賀縣唐津市）。陸路朝東南前進五百里，則可以抵達伊都國（福岡市西方的系島市），這些都無庸置疑。

向東南前進一百里的奴國曾獲得後漢光武帝授予金印而廣為人知，其位置雖然有福岡市或春日市（這裡有「奴國之丘歷史公園」）之爭，但總而言之是在福岡市附近。位於其東方一百里的不彌國雖然線索不足，但大約是在筑豐中心都市的飯塚市附近。

從這裡開始一百公里左右的距離，則有可能是筑後國（福岡縣）、肥後國（熊本縣）、豐前國（福岡縣、大分縣）、豐後國（大分縣）的其中之一。當中又以福岡縣下的筑後山門郡，或是豐前京都郡的地名最具有魅力。另外，宇佐八幡宮附近也被視為是神聖之地，在這裡也許可以追溯過往邪馬台國的記憶。

◆「吉備說」和「出雲說」也不矛盾

福岡縣朝倉市附近是齊明天皇後來設置朝倉橘廣庭宮的地方，也許與這裡是古代北九州中地位特別的土地有關。然而，朝倉市須川內有屬於奈良時代寺院遺跡的長安寺廢寺遺跡，

●〈魏志倭人傳〉中紀載至邪馬台國的距離（天數）

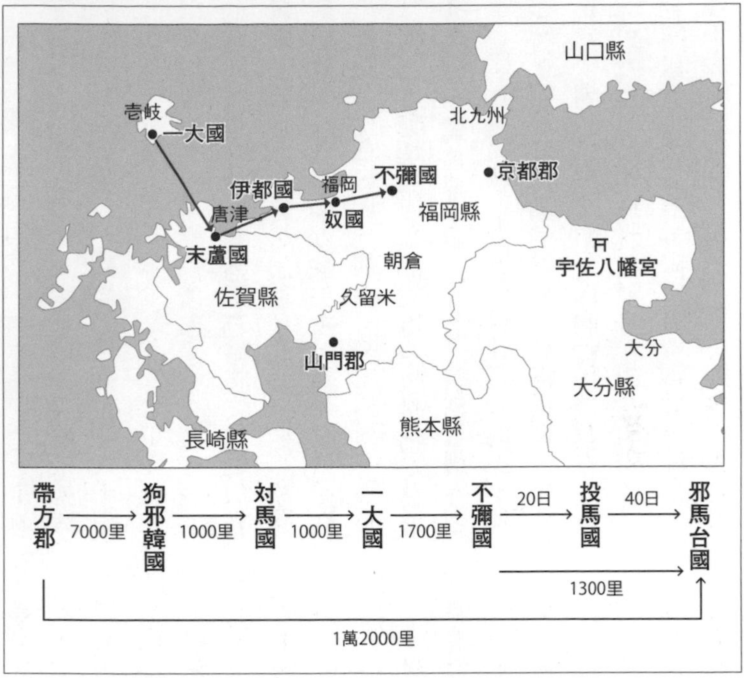

這裡立有「橘廣庭宮之蹟」的石碑，但沒有特別的根據。

在考慮到其他可能性的情況下，邪馬台國位於熊本縣或大分縣的某處也是合理的推論，如果是在吉備國或出雲國附近，那麼與大和朝廷擴展勢力的時期也不矛盾。根據記紀的紀載，這些地方是在崇神天皇治世的後半期才列入管轄範圍，如果說邪馬台國因此中斷與北九州諸國的聯繫，那麼也是合情合理。

名產筆記

宇佐的名產是「炸雞塊」、舊山門郡柳川的名產則是「蒸籠鰻魚」。

4 探訪「欠史八代」的舞台——葛城地方

葛城地方是以現在御所市（奈良縣）為中心的地區。以這裡為地盤的葛城氏，其勢力在應神朝初期達到頂峰，出現了許多皇后。雖然在與雄略天皇之爭中本家失去了勢力，但蘇我氏也被認為是葛城氏一族。

據說作家司馬遼太郎的母親也是出身葛城地方的人，司馬遼太郎年幼的時候也曾在這裡度過一段時光。他的代表作之一的《街道漫步》，第一卷造訪的就是〈竹內街道——葛城道〉。當中寫到了二上山和從山頂落下的夕陽，以及登上小山坡眺望隱身在樹叢中、卻又隱約可以看到的當麻寺兩座三重塔等，盛讚其為「大和第一美」。

◆被謎團包圍的八代天皇們

所謂「欠史八代」的宮殿都集中在這附近。「欠史八代」指的是從神武天皇之子的第二代綏靖天皇至第九代開化天皇（崇神天皇的父親）為止的八代天皇。

關於這八代天皇，記紀當中幾乎沒有相關的事蹟紀載，只有寫到皇后，以及宮殿和御陵的位置而已。因此有人說這八代天皇是虛構的，但下此結論為免言之過早。

關於祖先的傳承原本就非常模糊不清，例如祖先與足利尊氏一起上京後生根落葉、是當地望族的分家、從別的地方搬過來之後開始做生意等，除了與家族後來發展有關的重要事項之外，很容易被人遺忘。

筆者和筆者的親戚多半都是出身滋賀縣農村部，關於各家第一代當家的故事有許多的傳承。然而，第二代之後的故事幾乎很少人知道，一直到曾祖父的時代才又開始聽到一些相關的故事。話雖如此，聽到的都還是類似於「我的曾祖父好像和我青梅竹馬的曾祖母是表兄妹」這般含糊不清的傳聞。

當然，我沒有把皇室與庶民相提並論的意思，但欠史八代也許也有相同的狀況。也就是說，也許是到了崇神天皇的時候，籠統地認識到與某一家其實是親戚等，而將這樣的傳承寫入記紀當中。

從這個層面看來，記紀中紀錄的皇后系譜和宮殿的位置等，也許都存在有正確性的問題，但可以大致看出大和統一之前的皇室歷史。

●歷代天皇略系圖（1代～7代）

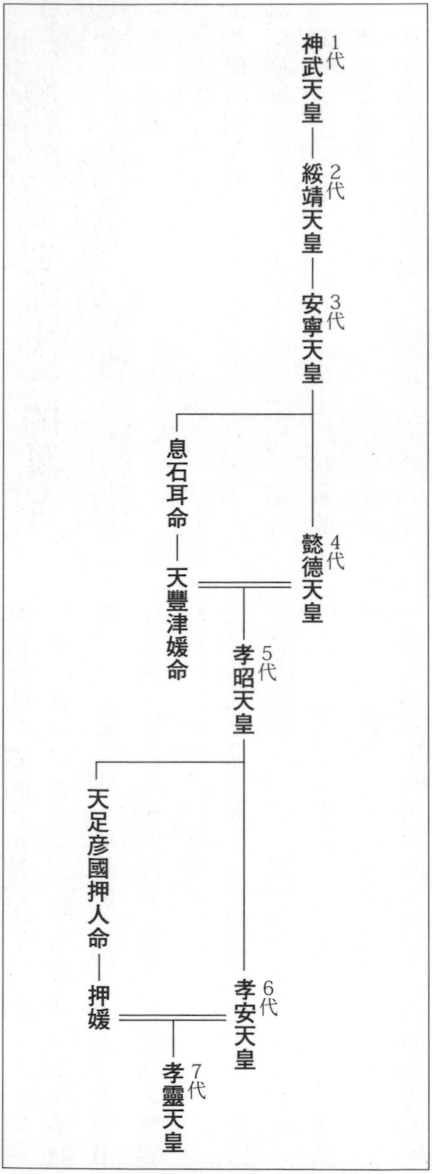

◆「欠史八代」的宮殿

接下來依序介紹欠史八代的宮都（譯註：日本學者將天皇居住的「宮」和周邊形成的都市「京」總稱為宮都）位置。

□第二代綏靖天皇

高丘宮

位於御所市森脇的葛城山腰。越過葛城山，在連結熊野市（三重縣）和大阪市的國道309號線附近，有一間一言主神社。從一言主神社沿著小路向北走，就可以看「綏靖天皇葛城高丘宮遺跡」的石碑。可以欣賞畝傍山等廣闊的風景。

□第三代安寧天皇

片鹽浮孔宮

共有三種說法：①橿原市四條町附近（《帝王編年記》、《和州舊跡幽考》）②大和高田市三倉堂、片鹽町（《大和志》、《古都略紀圖》）③大阪府柏原市內（《古事記傳》、《大日本地名辭典》）。②大和高田市中心商店街的「石園座多久蟲玉神社」境內立有石碑。

□第四代懿德天皇

輕曲峽宮

《古事記》中寫作「輕之境岡宮」。無論如何，位置都是在近鐵岡寺車站的附近。由於車站西側的高曲川彎曲，因此有人推論輕曲峽宮就是在這附近（高城修三）。

□第五代孝昭天皇

掖上池心宮

掖上指的是相當於葛城地方的御所市池之內附近。這裡有一間鴨都波神社，祭祀與神武天皇等的皇后有很深淵源的事代主神。從JR和歌山線玉手車站往南走，田裡立有池心宮遺

●「欠史八代」的宮都遺跡

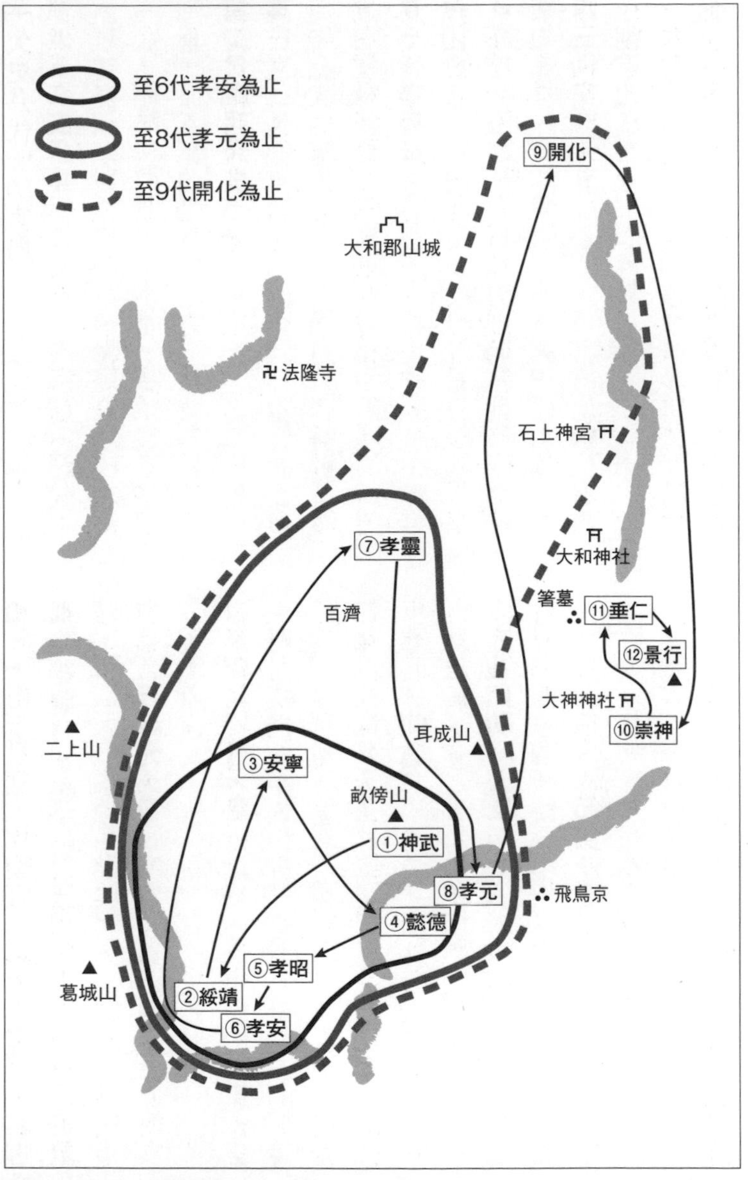
至6代孝安為止
至8代孝元為止
至9代開化為止
大和郡山城
法隆寺
⑨開化
石上神宮
大和神社
箸墓
⑪垂仁
⑫景行
大神神社
⑩崇神
⑦孝靈
百濟
耳成山
二上山
③安寧
畝傍山
①神武
⑧孝元
飛鳥京
④懿德
⑤孝昭
葛城山
②綏靖
⑥孝安

跡的石碑。

□第六代孝安天皇

室秋津島宮

「秋津島」同時也是本州，或是日本整體的別稱，原本指的是葛城地方。被認為是秋津島宮遺跡的是位於葛城地方南部、名為「室」的地方。比池心宮再往南的位置。這裡有全日本第十七大的宮山古墳。東邊有八幡神社，這裡立有室秋津島宮遺跡的石碑。

□第七代孝靈天皇

黒田廬戶宮

孝靈天皇離開葛城地方，將基地移到北邊皇后老家的田原本附近。從近鐵田原本線的黑田車站向南徒步五分鐘。廬戶宮的位置是聖德太子創建的法樂寺，屬於真言宗的寺廟。

孝靈天皇之子吉備津彥命是倭迹迹日百襲姬命的同母兄弟，「桃太郎指的是吉備津彥命」、「吉備津彥命出生於父帝的宮殿」、「因此這裡是桃太郎的誕生地」，也有這樣的說法。

□第八代孝元天皇

輕境原宮

回到南邊，靠近近鐵岡寺車站的橿原市見瀨町，這裡的牟佐坐神社被認為是過去的輕境原宮，參拜道旁立有石碑。

□第九代開化天皇

春日率川宮

位於JR奈良車站南邊，祭祀神武天皇皇后媛蹈鞴五十鈴姬命的率川神社，被認為是春日率川宮的遺跡。率川從春日山流出，經由佐保川，流入大和川。

5 神功皇后和近江、敦賀、長門、筑紫

志賀高穴穗宮在《日本書紀》和《古事記》中有明確的紀載，卻沒有獲得相對應的重視。

從京阪電車石山坂本線的終點坂本車站往回兩站的穴太車站下車，往山手前進，就可以看到高穴穗神社。穴太同時也是因建造安土城石垣而聞名的石工集團——穴太眾的根據地。祭祀的是景行天皇，從他的孫子仲哀天皇在宮中祭祀開始。另外，本殿後面立有宮殿遺跡的石碑。

◆天皇家向東開創的新天地

歷史學家當中有人認為這個遷都是之後天智天皇遷都大津京的類推。然而，只是因為後來也有同樣的事情發生，就以這個理由否定之前發生的事，如果真是這樣的話，那麼寫在史書裡的每一件事都值得懷疑。

如果沒有特別不自然的地方，或者無法說明史書特意記載謊言的動機，那麼就應該認為是史實。這種類型的紀載與英雄或暴君的故事等，引用固定模式的內容不同。

根據《日本書紀》紀載，景行天皇60年治世結束前兩年遷都志賀高穴穗宮。景行天皇經常出巡九州和東國，尤其晚年的時候，致力經營由他的兒子日本武尊征服的東國。作為治理的一環，將根據地移到近江國（滋賀縣）也是合理的事。

這與《日本書紀》當中紀載，繼承大業的成務天皇在全國各地建立可謂是天皇家直轄領地的屯倉也很符合。天皇家原本是大和的小領主，後來統一大和，逐漸擴展統治範圍，由於

自己的領地狹小，為了擴大領地，比起被勢力龐大的豪族掌控的西國，在東國開創新天地還比較容易。

近江的大津附近，西邊背後有比叡山和逢坂關要塞，北邊的比良山靠近琵琶湖，東邊是琵琶湖，而南邊則有瀨田川流貫，是非常理想的土地。而且，從愛發關往北陸道、不破關往東山道、鈴鹿關往東海道，來往非常方便。

繼承成務天皇的是日本武尊之子的仲哀天皇，他的皇后是開化天皇的子孫神功皇后。

◆死因成謎的仲哀天皇駕崩的香椎宮

仲哀天皇和神功皇后為了經營北陸方面而在敦賀（角鹿）設置行宮，天皇從那裡出發遠征紀伊國（和歌山縣），滯留在位於和歌山市東北部新在家的德勒津宮。這時候獲報九州熊襲（九州中南部的種族）叛亂，於是，天皇從瀨戶內海，皇后從日本海率軍出發，於穴門豐浦宮會合。穴門豐浦宮是位於下關市長府的忌宮神社。

抵達九州之後，伊都縣主五十迹手等人持白銅鏡、八尺瓊、十握劍迎接。過去臣服於邪馬台國的北九州諸國逐漸承認大和朝廷的權威，應該就是在這個時候正式接受統治。這裡出現的三樣東西與三神器類似。說不定三神器是北九州王權的象徵，由於北九州的臣服，這個概念才被皇室採用。

天皇和皇后最終在位於福岡市東部、名為香椎宮的神社落腳，以此為根據地，展開熊襲征伐和大陸遠征。另外，對於新羅遠征採取消極態度的仲哀天皇就是在這裡駕崩，死因成謎。

北九州的豪族們提議「從貧瘠的熊襲開始，討伐海的對岸可以看見的新羅」，皇后對此表示贊成，但天皇登上山頂也沒看見朝鮮半島，因此不願意出征。之後，據說天皇在撫琴的時候燈突然熄了，眼前一片黑暗，等到燈再亮起的時候，天皇已經駕崩。

◆被GHQ抹殺的神功皇后

之後，未亡人的神功皇后親自平定熊襲，又讓三韓（馬韓、弁韓、辰韓）臣服後凱旋回到畿內。然而，留守近江國的仲哀天皇之子麛坂王和忍熊王等，反對皇太后成為女帝，發動戰爭卻失敗。

神功皇太后這時獲得紀伊國和河內國（大阪府）等軍隊的支持，應他們的要求，將首都遷回大和國，從河內方面到瀨戶內，又與九州的勢力聯手，積極經營大陸。

神功皇太后在記紀當中被視為正式的女帝，但在1926（大正15）年的詔書中，卻從歷代天皇當中遭到除名。第二次世界大戰之後，在GHQ（盟軍最高司令官總司令部）的命令之下，也從教科書中除名，實在讓人難以心服口服。

●歷代天皇略系圖（9代～15代）

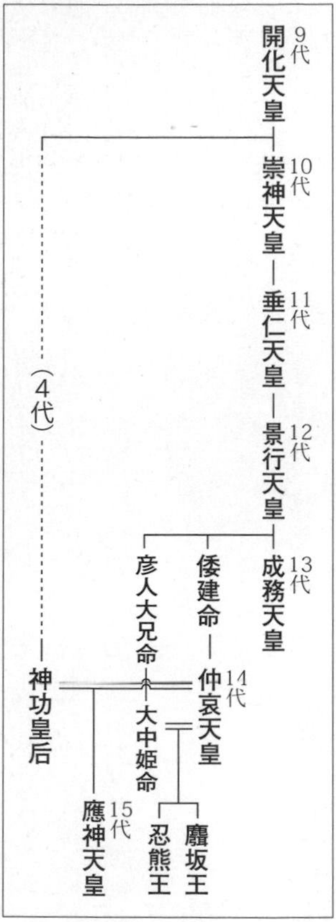

女帝於磐余稚櫻宮治理天下。櫻井市

近鐵大福車站南邊、天香具山北邊附近有一個小丘陵，那裡是稚櫻神社。神功皇太后之子的應神天皇在母親死後即位，他的宮都是位於奈良縣橿原市大輕町的輕島豐明宮。從岡寺車站向北走，在輕寺遺跡附近有一間春日神社，境內立有石碑。應神天皇晚年遷移到難波大隅宮。

●仲哀天皇和神功皇后的遠征圖

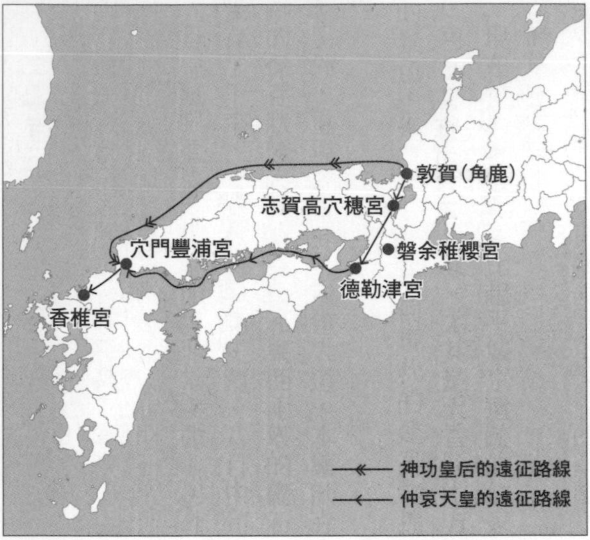

名產筆記

敦賀海鮮的美味不用多說，而「小牧」的魚板是天皇御用品，這更是全日本眾所皆知的事。

6 仁德天皇的巨大古墳和難波高津宮

有許多著名的文化人士針對大阪這個地方的創始者究竟是仁德天皇還是豐臣秀吉，展開熱烈的討論。的確，與現在的大阪直接相關的是豐臣秀吉的大坂城，但開創大阪地形的人是仁德天皇。

◆大阪的氣性自古不變？

仁德天皇在現在的大阪城附近建造了難波高津宮。由於祭祀仁德天皇的神社「高津宮」位於大阪所謂的南區，因此有人誤會這裡是仁德天皇的難波高津宮遺跡，但這是錯誤的。平安時代，清和天皇在被認為是難波高津宮遺址的地方建造了神社，在豐臣秀吉建造大坂城的時候，才搬到了現在的位置。

1921（大正10）年創作的大阪市歌中「高津宮傳承了世代的繁榮，家家戶戶飯煙裊裊，熱鬧的大阪市」，就是取自仁德天皇因為看不到飯煙，體恤民眾窮苦而不收稅的仁政。

仁德天皇為了方便船隻進入而挖掘運河，這就是現在天滿附近的大川（舊淀川），過去被稱為難波的堀江。另外，仁德天皇又在現在的寢屋川市附近建築茨田堤，預防水害。有一天，神明出現在仁德天皇的夢中，告誡只要用武藏（東京都、埼玉縣、神奈川縣一部分）人強頸和河內人茨田連衫子兩人祭神，則河堤就可以順利完工。

武藏人雖然悲傷但依舊投河，而河內人則說道：「如果夢中的神是真神，那麼就把這個沉入河底吧」，說完後把兩個葫蘆投河裡。葫蘆浮出水面漂走，茨田連衫子也免於遭到人祭的命運。看來，大阪的人從這個時候開始就不迷信。

◆究竟是「仁德天皇陵」？還是「大仙古墳」？

仁德天皇陵位於大阪府堺市，從市府大樓的觀景台可以清楚看見。這附近有許多古墳，被稱為百舌鳥耳原古墳群。

古墳群中有三個特別巨大的古墳，分別被認為是仁德天皇、其子履中天皇、其弟反正天皇的御陵。由於履中天皇陵的樣式最古老，因此有學者認為這裡其實才是真正的仁德天皇陵。因為有這樣的爭議，因此有些教科書不稱作仁德天皇陵，而稱之為「大仙古墳」。

然而，由於宮內廳將這裡視為仁德天皇陵，因此，不改變名稱，只要註明有人對於被葬者的身分提出不同的說法即可。尤其，仁德天皇陵並非比定尊王論盛行的幕末，而是從平安時代開始就被如此稱呼。

可以與百舌鳥古墳群匹敵的是羽曳野市的古墳群。包括應神天皇陵在內，仲哀、允恭、雄略、安閑、清寧各天皇，以及日本武尊等的陵墓皆位於羽曳野市內。羽曳野原本是河內源氏的發源地，壺井八幡宮附近和南邊的太子町裡有源賴家、賴義、八幡太郎義家三代的墓。順道一提，羽曳野同時也是投手達比修的出身地。

◆拯救皇室血統絕後危機的「放牛人」

為了讓各位進一步理解古代史，接下來整理仁德天皇之後繼位的各天皇。

首先，履中、反正、允恭三帝是仁德天皇之子，接下來的安康天皇和雄略天皇是允恭天皇之子，清寧天皇則是雄略天皇之子。

然而，雄略天皇為了肅清政敵而殺了太多的皇族，導致皇室血統面臨絕後的危機。後來在播磨國（兵庫縣）找到了隱藏身分放牛的履中天皇之孫顯宗天皇和仁賢天皇，讓他們即位。

仁賢天皇之子武烈天皇死後，沒有父系的繼承人，於是迎來人在越前國（福井縣）的應神天皇五世孫繼體天皇，同時又讓仁賢天皇的手白香皇女擔任皇后。手白香皇女的母親是雄略天皇的皇女，如果將來挖掘仁德天皇陵，從遺骸採驗DNA，那麼應該就可以證明血統一直延續到現在的皇室。

●古代大阪和難波高津宮

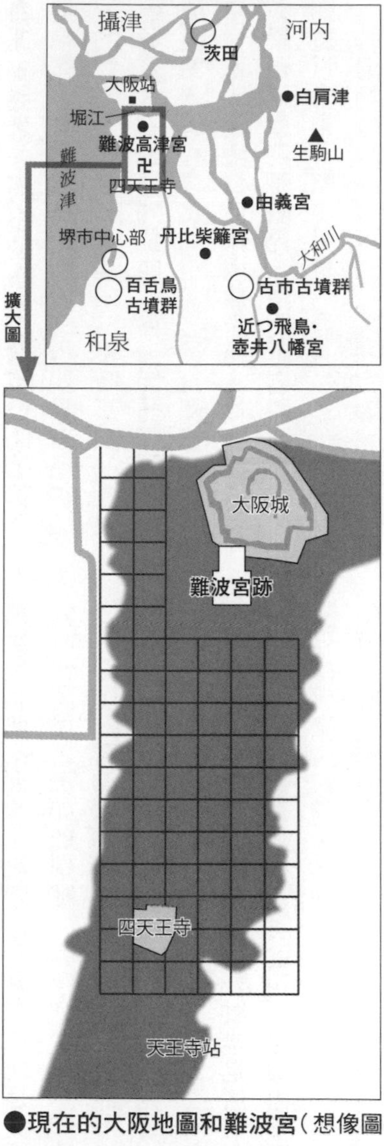

●現在的大阪地圖和難波宮（想像圖）

◆為了交棒欽明天皇的中繼天皇們

繼體天皇之後原本應該由母親具有應神朝血統的欽明天皇繼位，但由於當時不到30歲沒有繼承天皇（大王）位的資格，因此由同父異母兄長的安閑和宣化即位，之後再交棒給欽明天皇。

欽明天皇之子敏達、用明、崇峻、推古依序即位。當中，敏達天皇的母親是宣化天皇的皇女，其他三人的母親皆出身蘇我氏。

到了推古天皇的時候，為了皇位繼承發生了一連串複雜的事件，之後會詳加說明。

名產筆記

堺市有一間自戰國時代開始的老店，名為「Kanbukuro」，這裡的「核桃麻糬」非常有名。

●歷代天皇略系圖（15～29代）

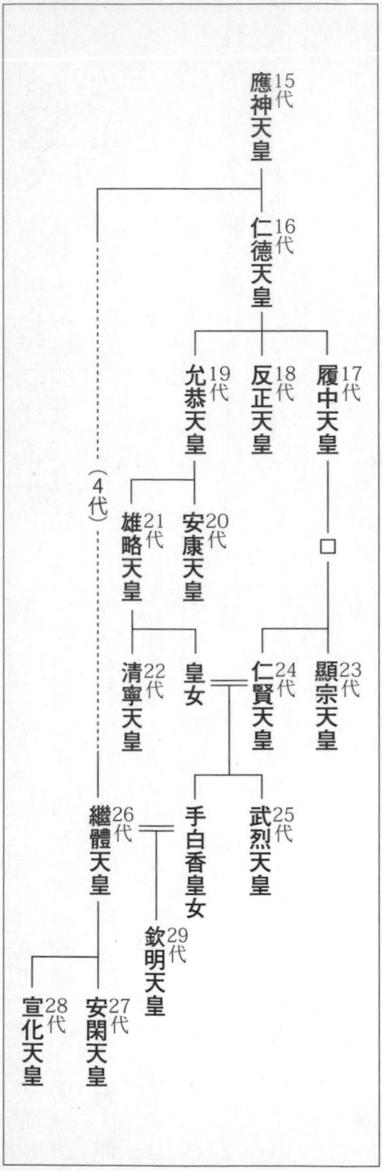

7 繼體天皇的樟葉宮和難波京的復活

大阪府枚方市位於淀川的左岸，也就是南側。由於ＪＲ東海道本線和東海道新幹線通過的是右岸，因此除了關西的人之外，大家對於這個區域並不熟悉。然而，在江戶時代，連接京都和大坂的街道位於左岸，而右岸則是經過大坂前往山陽方面的西國街道。

來往淀川的船隻也以枚方為中繼點，划著小舟靠近販賣食物的「茶船（又稱貸食船）」是當地的特色。

◆在枚方樟葉宮即位的繼體天皇

這裡有百濟王神社和屬於特別史蹟的百濟寺遺跡，位於京阪電車交野線宮之阪車站的東側。百濟滅亡後，亡命的王家以中間貴族的身分在朝廷任職，獲賜百濟王的姓，尤其是百濟王敬福在擔任陸奧守的時候發現金礦，對於建造大佛做出貢獻。為此，他升為從三位河內守，也在這個時候將根據地從難波遷到了枚方。

再往回追溯，繼體天皇是在枚方市楠葉丘交野天神社附近的樟葉宮即位。繼體天皇出生於近江高島市三尾。三尾是江戶時代初期有「近江聖人」之稱的陽明學者中江藤樹開設私塾的舊高島郡安曇川町。繼體天皇父親的根據地其實位於米原市，三尾被認為是別莊。從樟葉車站登上東邊的丘陵地帶，位於與京都府八幡市交接處前的貴船神社就是樟葉宮的遺跡。

◆繼體天皇對於進入大和態度慎重的理由

繼體天皇是應神天皇的五世孫，聽起來有

些疏遠，但雄略天皇的母親忍坂大中姬，也就是允恭天皇的皇后，是繼體天皇祖父的姊妹，所以與天皇家並沒有那麼疏遠。然而，繼體天皇幼時喪父，因此在母親位於現在坂井市（福井縣）的娘家長大。說到坂井市，會想起有名的海港城三國，但留有舊天守閣的丸岡城也在附近。

即位前的繼體天皇迎娶了尾張氏和近江的息長氏為妃，有一定的勢力，但在武烈天皇過世的時候，在朝廷掌權的大伴金村等人原本打算迎接位於丹波龜岡市的倭彥王為下一任天皇。然而，由於倭彥王拒絕，於是才輪到了繼體天皇。

當時的大和尚未安定，繼體天皇因此首先在樟葉宮觀察情勢。無論是哪一個時代，首都附近都會擔心發生恐怖攻擊，因此將根據地設在容易防守的地方也不是一件稀奇的事。

繼體天皇之後又分別移居位於現在京田邊市同志社大學校內的筒城宮，以及現在京都府長岡京市乙訓寺或長岡第三小學附近的弟國宮，之後才進入大和。

◆前期的難波宮不是「京」嗎？

另一方面，仁德天皇和孝德天皇都曾將宮都設在難波京。位於現在大坂城外堀南側，被稱為法圓坂的地方有一座難波京遺址公園，這裡重現了孝德天皇建造的難波長柄豐碕宮八角形建築和聖武天皇時代大極殿的基盤。

在被稱為是前期難波宮的孝德天皇時代，據說採用的是將樑柱直接埋入土裡的建築方式（譯註：被稱為「掘立柱」），也沒有瓦做的屋頂。根據紀錄顯示，前期難波宮於天武天皇的686年因火災全毀。後期難波宮則建在奠基石上，也出土了許多瓦片。同時也知道了

●高槻市周邊地圖

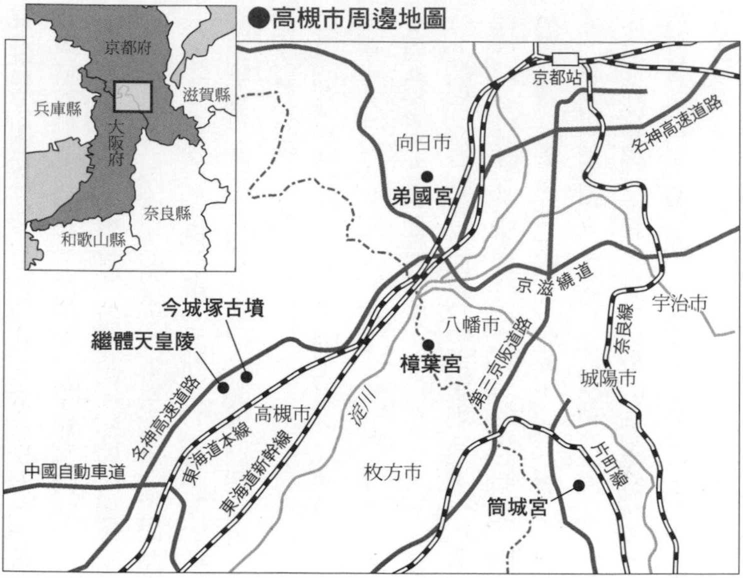

●難波京遺址公園周邊地圖

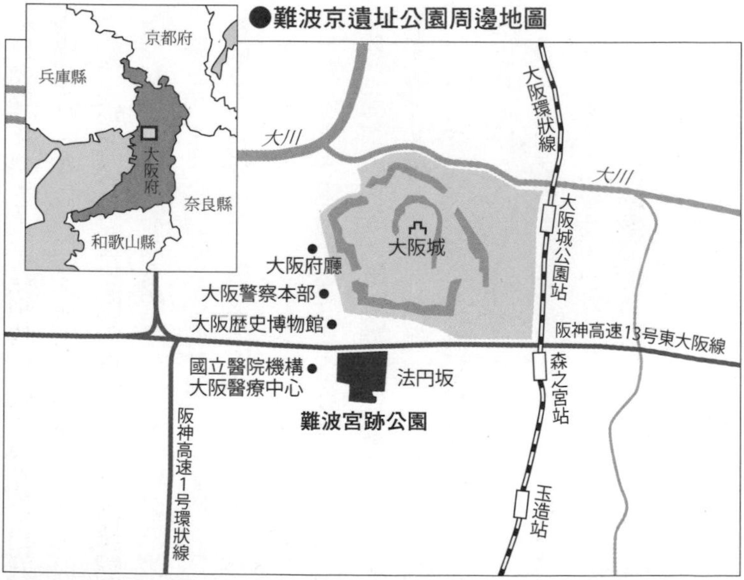

當時有分配住宅地給貴族，且也有條坊制。朱雀大道位於現在近鐵上本町車站東側。

有人因此僅稱後期難波宮為難波京。關於以是否實施條坊制來判斷是否應稱之為「京」，其實是一種文字遊戲。有天皇的居住地，也有天皇工作的「宮」，且附近形成都市，那麼就應該稱之為「京」，有無實施條坊制，並不影響「京」的本質。

◆埋在地下？後期難波宮

仁德天皇時代建築物的遺跡現在還無法確認，但也許埋在大阪城下。當時的大阪，海的位置比現在偏東，大和川和淀川會合後流向海洋，且河內地方是一片廣大的溼地。

從此推論，沿著上町台地的稜線，從大阪灣應該可以看到仁德天皇等的古墳群、四天王寺，以及在此之前的難波京並排。之後的大阪如何發展，在接下來介紹長岡京的時候會再詳細說明。

位於難波京遺址公園附近的大阪歷史博物館裡有許多關於難波京的展品。由於沒有展示平城京和平安京的設施，因此這裡是了解古代宮都最佳的博物館。另外，也可以隔著玻璃眺望難波京遺址。

此外，大阪府下是反正天皇設於河內國的丹比柴籬宮。近鐵南大阪線河內松原車站附近的柴籬神社便是其故地。

名產筆記

名為「kurawanka 麻糬」的紅豆餡麻糬是枚方的名產。

8 過去倭五王宮都所在的磐余、初瀨

奈良縣大致可以分為大和川、紀之川、木津川、熊野川流域。以面積來說，最大的是占據奈良縣南部的十津川等熊野川上游地區，熊野川的河口是和歌山縣新宮市和三重縣熊野市的交界處。

紀之川的上游是吉野川，縣中部的五條市、著名賞櫻地的吉野山都在這裡。木津川的上游是室生寺所在的宇陀川和柳生之里附近，位於奈良縣的北東部。大和川流域則位於奈良縣的北西部。上游的主流是初瀨川，其支流是貫穿奈良市的佐保川。

◆古代宮都設在初瀨川流域的理由

孕育大和朝廷的是初瀨川流域。水田耕作必須引水灌溉和放水，現代有水庫和馬達，因此可以自由操控，但在近世為止，這些都是一大工程。

因此，在中小河川的中游地區，水流和緩的地方最適合水田耕作。初瀨川流域附近，正好符合這個條件。而且，小型船隻也可以從大阪灣逆流而上，抵達這個地方。

從藤原京開始一直到移都平城京為止，除了移到滋賀、大阪、京都等鄰近府縣的時期之外，歷代天皇的宮都，幾乎都設在這個地區。當中，櫻井市中南部的磐余、初瀨地區從雄略天皇開始，於派遣使者出使中國南朝的倭五王時代，繁華達到鼎盛。

◆雄略天皇的宮都？脇本遺跡

之前已經介紹過神功女帝的磐余稚櫻宮，這裡同時也是仁德天皇之子履中天皇的宮都所在地。當時，天香縣山北邊附近有一座磐余池，受到此一影響，因此這裡的地名被稱為池之內。履中天皇在遊船河的時候，飄來了不應該是當時季節應該有的櫻花，宮殿因此得名。

永恭天皇的遠飛鳥宮是第一座設在飛鳥地方的宮殿。詳情不明，但被認為位於飛鳥京稍微往北的地方。

安康天皇的宮殿是稍微偏遠的石上穴穗宮。與物部氏有很深淵源的石上神宮附近的嚴島神社，就是石上穴穗宮的故地，當中也有祭祀安康天皇、名為穴穗社的祠宇。石上神宮裡收藏了百濟王所贈的七支刀。

《萬葉集》的開頭記載了被認為是倭五王之一「倭王武」的雄略天皇御筆所寫的詩歌：

「美籠矣　手執良籠美籠者　矣堀串矣　手執兮堀串者　今在此岡上　摘菜之兒美娘子　願聞汝家者」。從埼玉縣稻荷山出土的國寶鐵劍上也記載了所有者是在獲加多支鹵大王（雄略天皇）宮廷裡任職的人。

另外，中國南朝的正史裡清楚記載，中國皇帝將包含新羅在內的朝鮮半島南部統治權，交給了這個大王。初瀨川溪谷深處、近鐵朝倉車站附近的脇本遺跡，被認為是雄略天皇宮殿泊瀨朝倉宮的舊址。

◆萬惡之王——武烈天皇的泊瀨列城宮

清寧天皇的宮殿甕栗宮也是位於磐余。宮殿遺址被認為位於稚櫻神社西方御廚子神社附近。顯宗天皇的近飛鳥八釣宮，從名字推測位於河內地區，但由於明日香村有一個名為八釣的地方，因此被認為在這個附近。

仁賢天皇的石上廣高宮位於ＪＲ櫟本車站南方天理市立北中學的東邊。另外，著名的萬惡之王武烈天皇的泊瀨列城宮位於雄略天皇泊瀨朝倉宮的東邊，在長谷寺車站附近櫻井市出雲的二柱神社境內，立有「武烈天皇泊瀨列城宮遺跡」的石碑。

●歷代天皇略系圖（29代～33代）

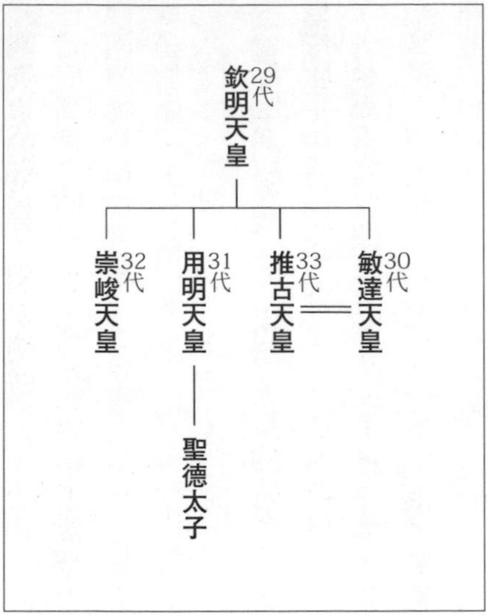

●磐余地區周邊地圖

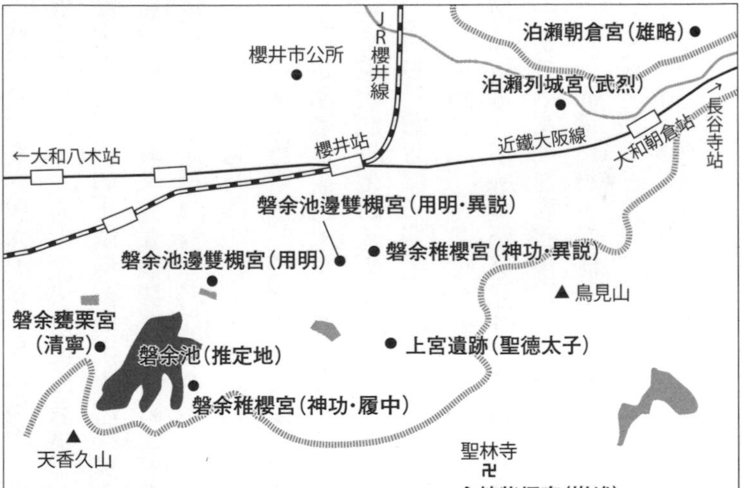

繼體天皇即位後也沒有立刻進入大和，而是住在樟葉宮等地，晚年則搬到履中天皇稚櫻宮西南方，一個被稱為「御屋敷」的地方，這裡就是磐余玉穗宮的所在地。

◆聖德太子的父親——用明天皇的磐余池邊雙槻宮

勾金橋宮是安閑天皇的宮殿。橿原市JR金橋車站北邊的金橋神社裡，立有安閑天皇勾金橋宮遺址的石碑。檜隈廬入野宮是宣化天皇的宮殿。近鐵飛鳥車站南西、高松塚古墳南邊明日香村檜前有一座於美阿志神社（東漢一族的祖先，祭祀阿知使主夫妻），裡面立有檜隈廬入野宮遺址的石碑。

在位期間佛教傳入的欽明天皇，他的磯城島金刺宮位於初瀨川出平原的地方，在附近水道局的排水處理場內立有石碑。

現皇室父祖的敏達天皇，關於他的百濟大井宮，有許多不同的說法，但位於奈良縣北葛城郡廣陵町百濟的說法最有力。百濟寺裡有鎌倉時代的三重塔。同為敏達天皇宮殿的譯語田幸玉宮，其遺址被認為是箸墓古墳北方坐天照御魂神社，立有石碑。

另外，聖德太子父親的用明天皇，他的宮殿是磐余池雙邊槻宮。關於其位置眾說紛紜，最有力的說法是位於池內吉備池附近的春日神社。這附近還有太子在搬到斑鳩之前的上宮。

遭到蘇我馬子暗殺的崇峻天皇，其陵寢位於櫻井車站向南，經過以國寶十一面觀音而聞名的聖林寺，前往藤原鎌足之墓所在地的談山神社方向的道路上，而他的宮殿則位於附近金福寺周邊。

9 聖德太子的斑鳩宮為什麼會偏移？

推古天皇（592年即位）被認為是第一位女帝，然而這是錯誤的認知。如前所述，神功皇后於1926（大正15）年從歷代天皇當中遭到除名，但在古代，她被認為是一位天皇。

另外，武烈天皇之後、顯宗天皇即位前的一段時間，被認為是由飯豐皇女執政，最起碼是與天皇相同地位的女帝。

欽明天皇即位（539年）的時候也曾提出，比起自己，希望先由山田皇女（安閑天皇的皇后）即位。也就是說，在推古天皇誕生的半世紀前，女帝就已經獲得普遍的認同。

個人經營的商店等，店主過世後經常可以看到由被稱為「女將」的夫人經營，但稱呼依舊是「女將」。然而，事實上以公司組織的概念來看，其實應該稱為「社長」。

◆「天皇」的稱呼從什麼時候開始？

關於「天皇」的稱呼，最有力的說法是從天武天皇或持統天皇開始，但從派遣遣隋使和迎接隋朝使者的推古天皇開始，對外就需要一個王者的形式。

推古天皇的宮殿是小墾田宮。雖然尚未採取條坊制，但皇城內設有「廳（官廳）」、「朝廷」、「大殿」等，與飛鳥京與許多相似之處，這些從608年來訪的隋朝使者裴世清的晉見紀錄中可以推測。

也就是說，穿過南側宮門就是朝廷，在那裡有政廳、官廳，外交禮儀也在這裡舉行。另外，穿過北側宮門則是大殿，這裡是推古天皇生活的場所，也是他執政的地方。

◆聖德太子的通勤距離十六．五公里

推古天皇是欽明天皇的皇女，也是異母兄長敏達天皇的皇后。皇位後來由敏達、用明、崇峻3兄弟繼承。崇峻天皇在遭到蘇我馬子討伐的時候，敏達天皇的皇子（母親不是推古天皇）押坂彥人大兄皇子由於與蘇我氏沒有血緣關係而受到排擠，而敏達、推古之子竹田皇子，以及用明天皇之子聖德太子（廐戶皇子）則又太年輕。

於是，以聖德天皇為皇太子，做為銜接，推古女帝因而誕生。這時，推古天皇實歲四十一歲，聖德太子二十一歲，而竹田皇子與聖德太子同年，或是比他再小一點。然而，推古天皇一直到七十六歲才駕崩，而當時也沒有讓位的習慣，聖德太子和竹田皇子比推古天皇早死，皇位一下子跳到了欽明天皇的曾孫世代。

聖德太子和蘇我馬子都是從自己的府邸通勤前往小墾田宮。蘇我馬子的府邸位於明日香村石舞台古墳附近的島庄，距離小墾田宮不到二公里，而聖德太子一開始居住的上宮距離五公里，之後搬遷的斑鳩法隆寺距離更是達到十六到五十五公里，非常遙遠。

聖德太子父親用明天皇的磐余池邊雙槻宮就是櫻井市吉備的春日神社的說法最有力，當地人認為，位於南側的聖德太子上宮遺址應該就位於奈良縣情報商業高中校內。雖然無法百分之百確定，但可能性非常高。

根據《日本書紀》的紀載，聖德太子於601年決定搬遷至斑鳩，605年正式遷移。

另外，法隆寺金堂的藥師如來坐像的光背

●皇室和蘇我氏的略系圖①

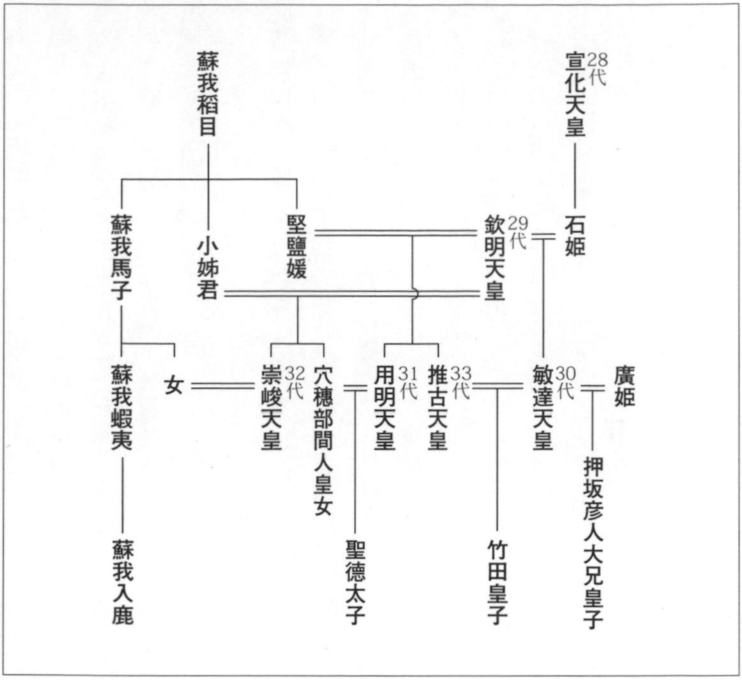

●斑鳩宮想像圖

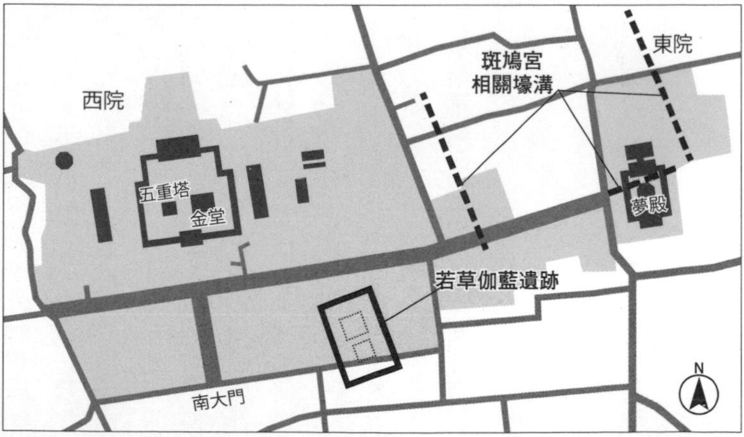

銘上寫道：「用明天皇為了祈求自身病癒，於是發願興建伽藍（寺院），但由於天皇駕崩，由推古天皇和聖德太子於607年完成興建佛像和寺院」。從中可以推論，興建法隆寺應該是聖德太子搬遷的原因之一。

◆比法隆寺更古老？元興寺極樂坊

當時的法隆寺是在現在西院伽藍南邊留下礎石的若草伽藍，建築屬於所謂的的「四天王寺式伽藍」，從南向北，中門、五重塔、金堂、講堂位於一直線上。然而，《日本書紀》中記載，這時創建的法隆寺於670年燒毀。另外，從木材的年輪判斷，應該屬於七世紀後半，因此可以確定，現在的西院伽藍並非由聖德太子創建。

法隆寺經常被認為是世界上最古老的木造建築，但木造建築在修理的時候都會更換受損的木材，創建時留下的木材僅剩下二到三成。另外，奈良縣市內的元興寺極樂坊使用的木材最為古老，有可能是蘇我氏興建的飛鳥寺搬遷到了這裡。

現在的西院伽藍和東院伽藍是以南北連接的直線為主軸興建，但若草伽藍和斑鳩宮則偏移了二十度左右。就算是測量技術不佳，偏移的幅度也過大，也許是考慮到地基的因素。

斑鳩宮就是現在有夢殿等的東院伽藍，於聖德太子之子山背大兄王子滅亡時燒毀，738年由行信僧都於斑鳩宮故地重新建造了東院伽藍。

第2章

從飛鳥天平的繁華至平京城

1 發生蘇我入鹿誅殺事件的飛鳥板蓋宮

推古天皇的後繼者是欽明天皇孫字輩的聖德太子、竹田皇子、押坂彥人大兄皇子中的一人，但三人都比推古女帝先死。於是，欽明天皇曾孫輩的山背大兄王子和田村皇子（後來的舒明天皇）成為了有力的候選人。

山背大兄王子是聖德太子的嫡子。舒明天皇是因與蘇我氏無緣而被排除於繼承者之外的押坂彥人大兄皇子的兒子，但由於他納蘇我馬子的女兒法提郎女為妃，生下了古人大兄皇子，因此也才有了繼承的機會。

◆其實是獨善其身？山背大兄王子

關於輸掉皇位繼承之爭的山背大兄王子，二戰前的歷史觀認為，由於王子太過優秀而遭到蘇我蝦夷和蘇我入鹿等人的嫉妒。但王子繼承了濃厚的蘇我氏血統，這樣的說法很難讓人信服。反之，山背大兄王子其實是一個獨善其身的人，人望很低。這一點從他之後被問罪謀反的時候，計畫帶著氏族殉死的不尋常舉動也可以看出端倪。

然而，舒明天皇駕崩的時候，包括古人大兄皇子在內的所有孩子都還太小，不足以擔當天皇大任，於是由天皇弟弟的女兒，同時也是皇后的皇極天皇（寶姬王）即位。等到應該讓位給古人大兄皇子的聲浪日益高漲的時候，發生了蘇我入鹿誅殺事件（乙巳之變）。

就這樣，古人大兄皇子遭到排除，首謀的中大兄皇子（後來的天智天皇）由於過於年輕，因此首先由皇極天皇的弟弟孝德天皇，接受有史以來首次的生前讓位，即位成為天皇。

●皇室和蘇我氏的略系圖②

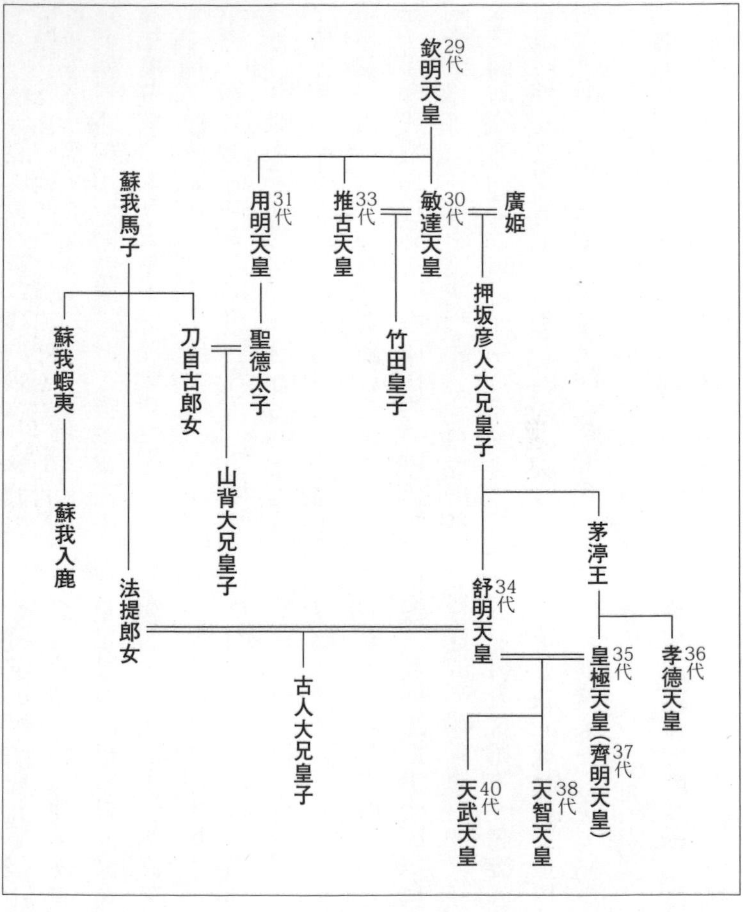

之後，皇極上皇重祚（退位的君主再度即位）成為齊明天皇，之後才終於輪到天智天皇即位。

期間的宮都分別是舒明天皇：飛鳥岡本宮（飛鳥京）→田中宮（橿原市田中町。飛鳥京北東、畝傍中學東側法滿寺附近）→出巡伊予→厩坂宮（橿原市大輕町）→百濟宮（廣陵町）↓皇極天皇：板蓋宮（飛鳥京）↓孝德天皇：難波長柄豐碕宮↓齊明天皇：板蓋宮↓川原宮（明日香村川原的弘福寺）↓後岡本宮↓朝倉橘廣庭宮↓天智天皇：近江大津宮↓天武天皇：飛鳥淨御原宮。

當中，①飛鳥岡本宮、②板蓋宮、③後岡本宮、④淨御原宮位於同一個地方，也就是所謂的飛鳥宮。位於大和支流飛鳥川的扇狀地，比曾是蘇我馬子府邸的島庄遺跡還要再往下游一點。而蘇我蝦夷和蘇我入鹿居住的甘樫丘，則隔著飛鳥川可以往下眺望飛鳥宮，可見與蘇我氏之間的權力關係。

這四期的宮都當中，①和②因火災燒毀，④則在壬申之亂後從大津京還都，修築③而成。

◆長眠地下的蘇我入鹿誅殺事件的舞台

入鹿誅殺事件發生在板蓋宮。屋頂使用的不是茅草而是木板，這在當時來說非常奢華，因而得名板蓋宮。在沒有鋸子和刨刀的年代，想要切出薄薄的大片木板，是一件非常困難的事。

然而，板蓋宮因645年的乙巳之變而遷都波長柄豐碕宮，十年後的655年初，齊明天皇才又再度使用，但該年冬天因火災燒毀。翌年建造了後岡本宮，天武天皇還都後，修建成了淨御原宮。

板蓋宮在燒毀之後，重新整地修建，造訪遺址看到的遺跡底下，埋藏的就是入鹿誅殺事件的事發現場。

◆發展過渡期的首都「飛鳥京」

淨御原宮內有從後岡本宮繼承的內城和位

●飛鳥京周邊地圖

於南東方的「蝦夷之子城」。內城北部是天皇的後宮，南方有許多規模不小的宮殿。「蝦夷之子城」是現代人根據這個地區的地名所取的名字，這裡有許多壯觀的宮殿，推測這裡有可能就是大極殿的前身。

另外，考古發現這些宮殿群的北側也有許多建築物，包括飛鳥寺附近地區在內，這裡應該形成了都市。這個飛鳥地區曾經也有人稱之為「倭京」。這個「飛鳥京」處於過度期，從傳統屬於天皇居住地，附加行政、接待機能的宮殿，轉型成為真正京城。

明日香村裡有據說是蘇我馬子之墓的石舞台、水落遺跡（據說是中大兄皇子建造的水時鐘）等。另外還有高松塚古墳、龜虎古墳等，雖然內部沒有對外開放，但在展廳可以看到模型。

名產筆記

很難找出一項明日香的名產，但到了春天，建議可以在這裡採草莓。

2 天智天皇遷都大津京的理由

對於皇室而言，祭祀歷代天皇是非常重要的祭典，但實際上，同等對待所有天皇是一件困難的事。對於現代而言，特別重視第一代的神武天皇以及近幾代的天皇。

然而，在平安時代，天皇會在天智、光仁、桓武、崇道（早良親王）、仁明、光孝、醍醐各帝加上三名女性的十陵前舉行即位報告的奉幣儀式，年末也會帶著當年從全國各地進貢而來的幣帛祭祀神靈，舉行名為「荷前」的儀式。

另外，百人一首最初的「秋來田野上，且宿陋茅庵。夜半濕衣袖，滴滴冷露沾」是天智天皇的御筆。每年1月4日至5日都會在近江神宮舉行「詠百人一首祭」，祭祀天智天皇。生於鎌倉時代的藤原定家將這一首歌放在第一首，可見他視天智天皇為「大帝」。

◆為了防禦外國侵略，遷都大津

齊明天皇於661年，在遠征朝鮮半島的根據地筑紫朝倉宮駕崩。皇太子中大兄皇子在尚未即位的狀況下便投身百濟救援。天皇未即位而執政稱為「稱制」。直到668年才終於即位。

為了防禦中國唐朝入侵，於是建設大宰府，並在對馬建造金田城、讚岐（香川）建造屋島城、大和建造高安城等朝鮮式山城，並在對馬、壱岐、筑紫駐紮防人，也搭建了狼煙台作為通信手段。

同時，667年遷都大津。從防禦外國侵略的角度來看，在地形方面，比起難波、大和，近江更利於防守。被認為是景行、成務、仲哀

●大津京周邊地圖

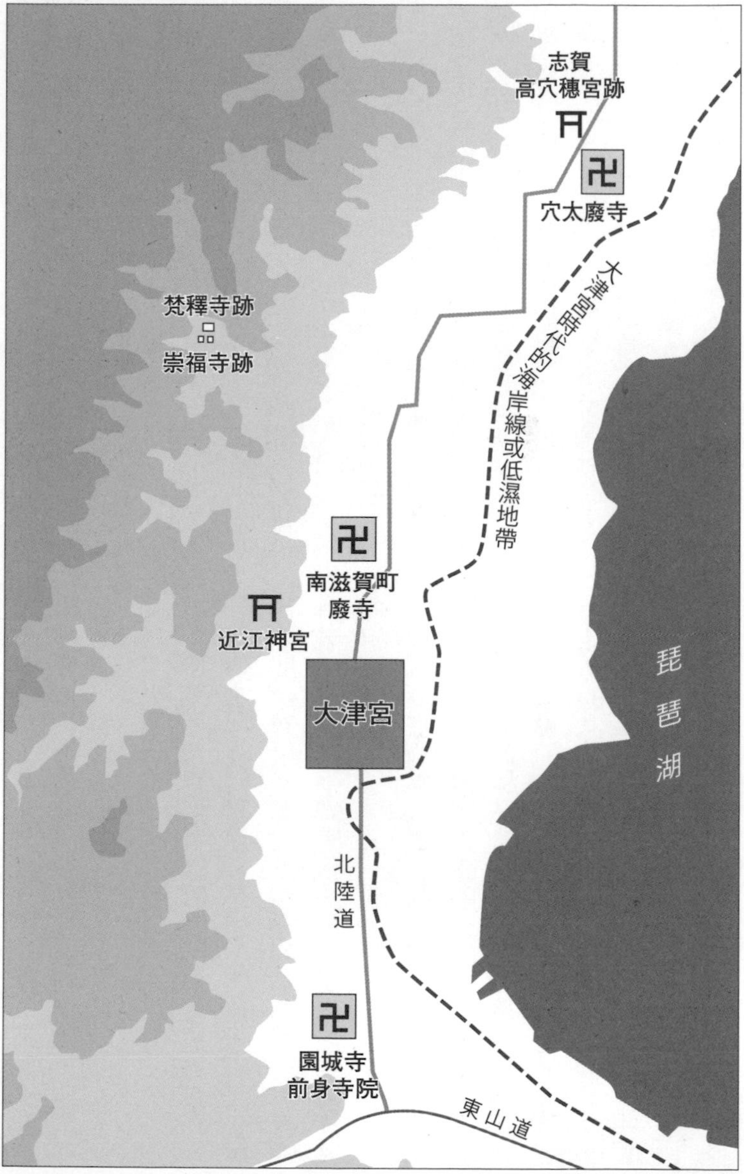
志賀
高穴穗宮跡
穴太廢寺
大津宮時代的海岸線或低濕地帶
梵釋寺跡
崇福寺跡
南滋賀町
廢寺
近江神宮
大津宮
琵琶湖
北陸道
園城寺
前身寺院
東山道

三帝宮殿所在的大津市北部是最適合的選擇。也許也是為了從大陸撤退之後，在東邊開創新天地而做出的決定。

關於大津，關於是否應稱之為大津京有許多不同的爭論。有人認為，實施條坊制才稱得上是「京」。然而，仔細想想，「京」指的是圍繞「宮」所形成的都市，與是否實施條坊制沒有關係。

◆五年內燒毀，如幻影一般的「大津京」

相當於大內裏的是從近江神宮南下，一個名為錦織的地方，趁著住宅改建的時候，慢慢挖掘並取得土地。在相當於遷都一千四百年的2067年，也許可以順利建造一座遺跡公園。

雖然不確定是否有實施條坊制，但各設施和主要官員的住宅皆有計畫性地配置。大津京於遷都後僅五年，就在壬申之亂（672年）中被燒毀。出生於壬申之亂前的柿本人麻呂就曾歌詠：「志賀唐崎，如昔幸存。宮人之舟，久待不來臨」。

然而，天智天皇於西側尾根建造的崇福寺一直到室町時代都香火鼎盛。另外，桓武天皇為了供俸曾祖父天智天皇的菩提，而於附近建造了梵釋寺。平安時代，曾留下皇族和貴族參拜的紀錄。

崇福寺的礎石很多都保留了下來，從三重塔的塔心礎挖出了完整的舍利容器，以「崇福寺塔心礎納置品」之名，被指定為國寶。

在過去，從京都來此的路線是從鴨川荒神橋北部的志賀街道朝東北出發，斜向橫越現在的京都大學吉田校區（現在已經看不到這一條路）。或是從東北沿志賀街道前進，跨越山嶺，再從山下的聚落向東前進，再從現在的比叡山觀光車道入口處朝近江神宮方向前進，這是現代翻越山嶺的路線，而這條山路是由織田信長開拓。

原本跨越志賀是從山中聚落向東北前進，沿崇福寺下山的路線。順道一提，另外還有一條從鹿谷經過大文字山南側，再從三井寺下山的道路，這被稱為「如意跨越」路線。這同時也是源賴政之亂的時候，以仁王逃出京都的路線。

◆導致蘇我氏沒落的壬申之亂

壬申之亂很快就分出勝負，主要的原因在於當時新的律令制度之下，常設軍配置尚未完成。另外，西邊的軍隊為了防禦中國唐朝入侵而無法調動。為此，最終是由個別攏絡傳統勢力的天武天皇獲勝。戰役之中，近江朝廷（敗者）由蘇我赤兄領軍，敗戰後，許多蘇我氏的望族因此受到嚴重打擊。

齊明天皇於福岡縣的朝倉橘廣庭宮駕崩。中大兄皇子在現在的惠蘇八幡宮後山建造了黑木殿（木之丸殿），將天皇的遺骸移到這裡，他也在這裡服喪。

名產筆記

說到琵琶湖的名產就會想到鮒壽司。這是一道歷史悠久的料理，想必天智天皇等人也曾經品嚐過。

3 「遙遠的朝廷」大宰府和博多鴻臚館

過去被稱為「遙遠的朝廷」的大宰府，所在地寫作太宰府市。歷史上的正式名稱是大宰府，但從很久以前開始就有人寫作太宰府。

創建大宰府的是天智天皇。百濟於660年滅亡，日本為了幫助百濟復興而派兵，但卻在663年的白村江之戰中，敗給了獲得新羅援助的中國唐朝。

為此，擔心唐朝進攻的天智天皇於664年利用御笠川的水，打造了一座水城。高十四公尺、底部寬八十公尺的土壘總長一公里，一直保留到現在。

翌年，天智天皇又在北方建造大野城、南方建造基肄城等山城。如果把博多當作是大阪，那麼大宰府的位置就相當於京都或大津一帶。在這一層的意義上可說大宰府和大津京就好像是兄弟城一樣。

◆坂本龍馬也曾造訪大宰府

博多附近原本是奴國。後漢光武帝賜予的金印以前收藏在東京國立博物館，現在則收藏在福岡市博物館裡。

另外，仲哀天皇和神功皇后第一次來到筑紫就是在香椎宮，而《日本書紀》中也記載，在宣化天皇（536年）時：「筑紫國者，遐邇之所朝屆，去來之所關門。修造官家那津（博多）之口」，又記載推古天皇時：「筑紫大宰奏上言」，可見是為了防禦而遷到內陸。

大宰府的組織逐漸完善，除了是外交和防禦的窗口之外，也負責了九州的行政。長官是大宰帥，官階相當於大納言或中納言。親王獲

●大宰府周邊地圖

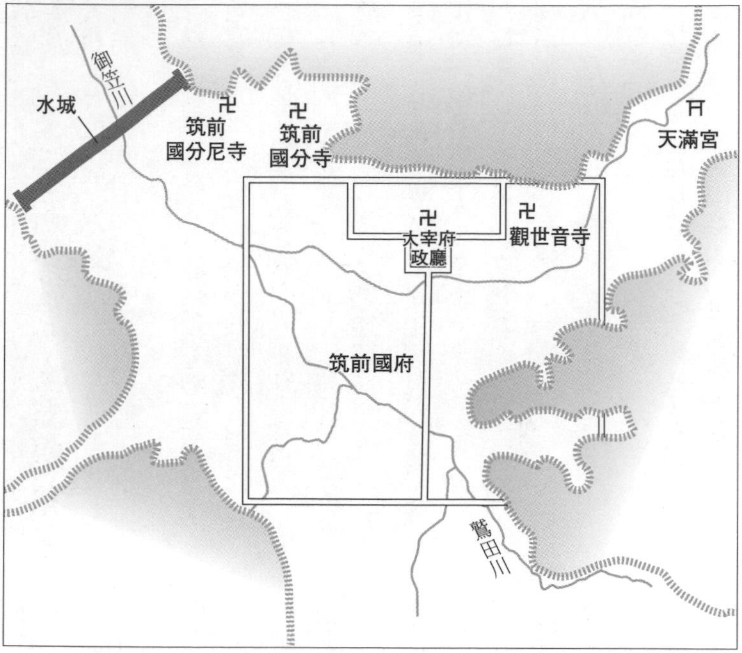

得任命後多半不親自赴任，大宰權帥才是實質上的最高掌權者。

大宰權帥之下設有大弐和少弐等位階。平清盛後來當上大弐，獨佔日宋貿易，武騰資賴則被任命為少弐，到了他兒子那一代，開始使用少弐這個姓氏。

之後，雖然博多開始佔優勢，但大宰府依舊維持其地位。到了日本南北朝時代，南朝的懷良親王就是以此為根據地，獲得中國明朝冊封為「日本國王」。

另外，福岡築城中時期，黑田官兵衛曾經住在這裡，到了幕末，在長州待不下去的三條實美等七卿也移居此地，坂本龍馬也曾經來訪。

●現在的太宰府天滿宮本殿

◆從鴻臚館到福岡城、平和台球場

律令時代的大宰府有一塊背山的政廳地區，都城的範圍約二公里四方。相當於京都由津出川通、大宮通、三條通、千本通圍繞的規模。

東邊有一座觀世音寺。根據《續日本紀》的紀載，這是天智天皇為了替齊明天皇追善祈福而建造的寺院。法隆寺式的塔和金堂的配置左右顛倒。另外，鑑真和尚來日時分別在東大寺、下野藥師寺和觀世音寺設置戒壇，被稱為「天下三戒壇」。

觀世音寺幾次都差點遭到廢除，但總算維持至今，裡面有許多平安時代之後的佛像。國寶的梵鐘是與《徒然草》中也有出現的京都妙心寺名鐘同一個鑄型，推測是於九州鑄造。

太宰府天滿宮一直到江戶時代為止都是名為安樂寺的寺院，明治之後改為神社。現在的建築物是毛利元就的三子，同時也是在豐臣政權擔任大老的小早川隆景所重建。近年，還設置了一座九州國立博物館。

鴻臚館是接待外國使節的迎賓館，位於福岡城遺址。戰後，西鐵獅棒球隊的根據地平和台球場就建在鴻臚館遺址，搬到巨蛋球場之後進行了挖掘工程，現在也設有展示廳。

名產筆記

說到太宰府的名產，最先想到的還是「梅枝餅（譯註：包有紅豆餡的薄餅。由於用有梅花圖案的鐵板煎，因此煎好的餅上可以看到梅花的圖案）」。

4 日本最初的條坊制都城——藤原京

元明天皇在從藤原京遷到平城京的時候，在藤原京和平城京的中間點，也就是現在的天理市附近歌詠了：「飛鳥故里明日香，置君離去，豈堪不得復見哉」，意指：「離開故里明日香，前往奈良之都，是不是再也見不到你住的地方」。從中可以看出元明天皇將包括藤原京在內的「飛鳥之地」視為故鄉的心情。

順道一提，飛鳥京距離藤原京三到五十四公里，距離平城京則有十九公里。

◆計畫中途駕崩的天武天皇

天武天皇平定壬申之亂，暫時於齊明天皇時代的飛鳥岡本之地即位。然而，很明顯地，飛鳥京已經不符合時代的需求。尤其是在接待外國來的使節時，甚至會覺得有些丟臉。

因此，天武天皇首先想到的是複都制。中國也有許多類似的例子。他首先重新整理難波京，同時確保其他土地，也考慮將首都設在信濃（長野縣）。

當中，藤原京可說是飛鳥京自然的發展，就好像印度的德里與新德里，在原首都附近地區進行開發。於是，天武天皇打算在這裡建造採取條坊制的國際級首都。「皇者神爾之座者赤駒之腹婆布田為乎京師跡奈之都」、「皇者神爾之座者水鳥乃須太久水奴麻乎皇都常成通」，這兩首《萬葉集》的歌，推測都是在準備藤原京建設工程時的創作。然而，天武天皇在工程計畫中途病死，課題由持統天皇繼承。

◆日本最初的條坊制都城「藤原京」

「藤原京」的稱呼是在近代才開始，勉強來說，過去曾留有被稱為「新益京」的紀錄。藤原是狹小範圍的地域名稱，藤原氏的發祥地也在這附近。當然，這時的藤原不比等尚且年幼，且在壬申之亂中，藤原一族因為站在近江朝廷一方而受到打壓。

藤原京的宮殿位於正方形都城的正中央，非常少見，是以中國《周禮》中紀載的理想首都為基礎打造。都城象徵宇宙，其中心就是帝王，非常簡單易懂的概念。

話雖如此，但現實中，中國幾乎沒有一個都城採取這樣的形式。北魏時代的洛陽，雖然是後來擴張的結果，但勉強算是最接近這個形式的都城。

另外，藤原京也是第一個正式實行條坊制的都城。十條十坊，東西南北皆五・二公里，規模超越平城京和平安京。當中，大內裏的正後方是耳城山，畝傍山位於都城內的西南部，天香縣山則是從東南部延伸到都城外。雖然景色應該非常美麗，但地形上非常不規則。

◆汙水流入大內裏？

條坊並沒有全部完成，這反映出了複雜的地形。另外，由於測量技術不成熟造成方位偏移，而由於大內裏位於低濕地，汙水因此流入大內裏。太極殿採用的是磚瓦屋頂，沒有將樑柱埋入土裡，而是直接放在奠基石上。城內還有飛鳥寺、大官大寺、本藥師寺等大寺院。

然而，使節和留學生們在看過隋、唐的長安城後，應該覺得藤原京還是跟不上時代，欠缺了莊嚴肅穆的感覺。中國隋朝的大興城和繼承大興城的唐朝長安城，在經過壯闊的城門後，沿著寬廣的朱雀大道前進，北端有一塊相當於大內裏的區域。這個範圍稱為「藤原宮」。

朱雀大道雖然是平城京和平安京的三分之一，但也有二十四公尺（道路約二十公尺，加上側溝），大約是可以讓兩台車通過的距離，在當時屬於創舉。

現在的藤原京遺跡比起平城京遺跡的住家少，可以欣賞美麗的風景。尤其是天香縣山方面的景色，幾乎沒有被任何現代的建築物擋住。

另外，重現一部分的朱雀大道，本藥師寺遺跡的保存狀態良好，金堂和東西兩塔的礎石也保存了下來，成為了特殊的史蹟。八月中旬至九月是鳳眼藍盛開的季節，非常美麗。另外也有橿原市藤原京資料室和奈良文化財研究所藤原宮遺跡資料室等展示廳。

名產筆記

用牛奶燉煮的飛鳥鍋是橿原市的名產。另外還有埴輪饅頭（紅豆餡）。

●藤原京和現在的橿原市周邊簡略地圖

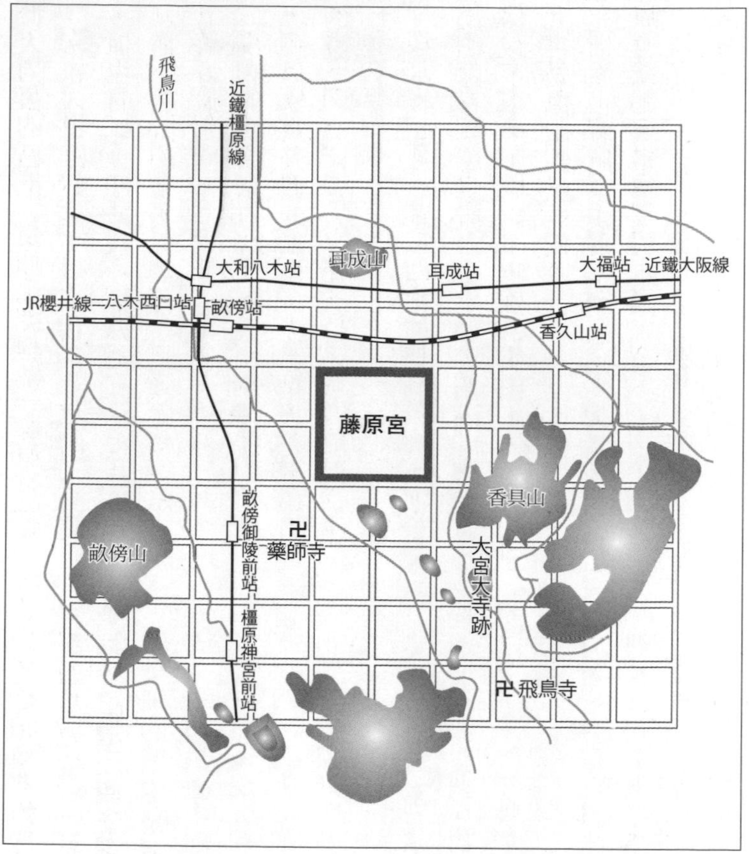

5 日本最初的中國風首都——平城京

日本第一座中國風的首都藤原京僅十餘年便遭到廢除，遷移到了平城京，背後有許多理由。其一是，中心的藤原宮（相當於大內裏）位於低濕地，居住環境惡劣，且都城內的大和三山也非常礙事。

與長安相同，都城西南的標高較高，而被稱作皇城的部分排水不佳，因此在東北興建了名為大明宮的宮殿，這裡是皇帝居住和處理政事的地方。

然而，遣唐使和隨行的人在見過長安城之後，想必會覺得藤原京根本無法與長安相提並論。就算是現在的國家或地方政府，在興建公共設施的時候，也會考慮到若非最新或壯觀的建築，恐怕會有損國家顏面。

◆為什麼遣唐使會選擇危險的路線航海？

這裡的關鍵是遣唐使的派遣。遣唐使於630年初派遣中國，跟隨他們一起回國的唐朝使節在日本受到朝貢使節的待遇，唐使一怒之下返國。此外，朝鮮半島的情勢緊張，唐朝獲得新羅的協助，兼併與日本友好的百濟和高句麗。

為此，日本在齊明天皇的時候，為了幫助復興百濟而派出援軍，但在白村江之戰（663年）中敗戰。之後，新羅奪取被唐朝兼併的一部分高句麗和百濟，與唐朝對立，這時新羅頻繁向日本朝貢。然而，渤海國在滿州建國，唐朝為了對付渤海國而承認新羅的篡奪，新羅與日本的關係日趨惡化。

為此，日本不得已放棄一直以來的朝鮮半

●與唐朝長安城的比較

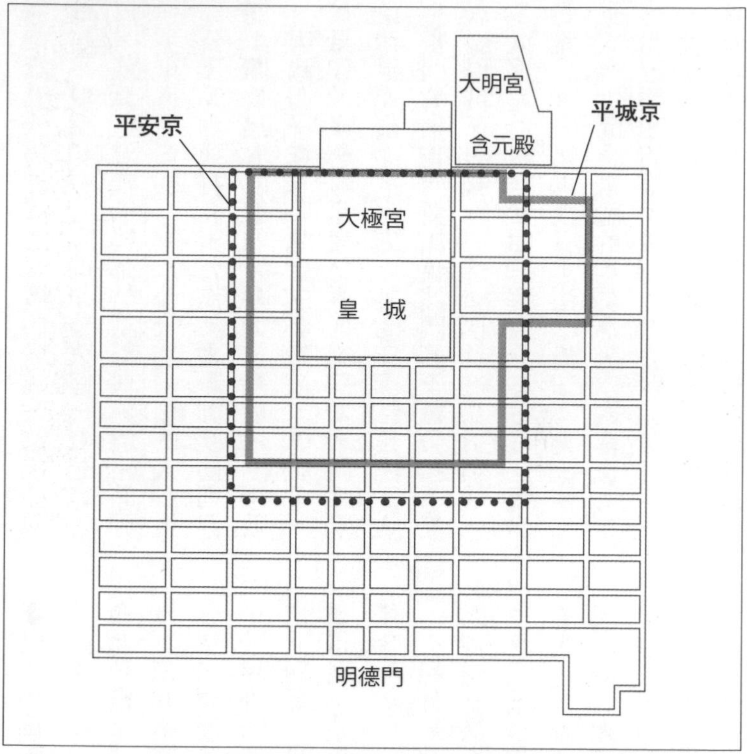

島沿岸航線，改從五島列島前往長江河口，頻繁利用這個危險的航線派遣遣唐使，以便牽制新羅。

◆比香榭大道還要寬的朱雀大道

在這樣的情勢當中，702年出發的大寶遣唐使和717年出發的養老遣唐使特別重要，有許多的留學生一同前往。日本在此之前都是透過百濟吸收中國文明，但這次是直接帶回最新的唐朝文明。其成果全部濃縮在平城京。

其中最顯著的是將大內裏設在都城中央北端的北闕

型都市計畫。另外就是寬廣的朱雀大路。如前所述，平城京和平安京的朱雀大路，寬達八十公尺。就算是現在被稱為是京都代表道路的御池通，車道的寬度二十六公尺加兩側的人行道十二公尺，也只有五十公尺。大阪御堂筋則只有四十四公尺。巴黎的香榭大道寬度約七十公尺，大致和平城京的朱雀大路相同。

另外，與愈向北地勢愈低的長安不同，平城京和平安京除了南方之外的三面都是山，大內裏正門的朱雀門要比羅城門高十數公尺，更可以展現君王的威嚴。

根據《周禮》當中「宇宙中心」理念所建造的藤原京雖然也很有想法，但卻不夠壯觀。另外，靠近北邊宮殿的地勢高，水向南流，當然是比較理想的都市構造。

◆現在的奈良市中心街是「外京」

平城京每五百三十二公尺就有一條大道，南北十條，共九區。東西夾著朱雀大路各有四區。南北稱為「條」，東西稱為「坊」，南北九條、東西八坊是基本的構造。

另外，西北側稍微突出，東北側還有一個南北四條、東西三坊，被稱為「外京」的街區。這是現代奈良縣廳和興福寺所在的奈良市中心街。

另外，被大道圍繞的各個地區裡，東西南北各有三條小路，隔成十六個小區域。平安京也與平城京相同，但相對於平安京每一個區域的大小皆相同，平城京則是以道路為中心線，因此沿著大道的區域面積較小，這是兩者的不同點。

●比較朱雀大道和現代道路的寬度

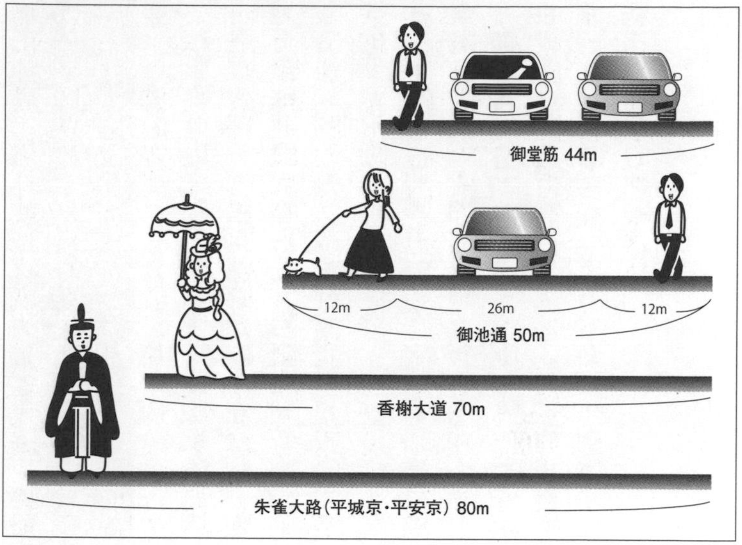

名產筆記

中國西安的名產料理是餃子，種類繁多是最大的特色。加入柿子油炸的「黃桂柿子餅」和中國式漢堡的「肉夾饃」也很受觀光客的歡迎。

6 悲劇主角長屋王和天平貴族的美食生活

奈良作為觀光都市無法進一步發展的原因之一是其大部分都是平城京遺跡，在交通方便的地方無法建設大型飯店。百貨公司等大型商業設施也相同，長久以來都被稱為是沒有百貨公司的縣政府所在地。

1972（昭和47），第一間近鐵系列的商業設施於西大寺開幕，但之後在市中心地區沒有任何百貨公司。因此，1989（昭和64／平成元）年於近鐵奈良車站和平城宮遺跡間開幕的豪華百貨公司「SOGO」，對於奈良市民來說是一件大事。

◆工程現場出土的驚人紀錄

然而，讓這間百貨公司全國知名的原因是在建設過程中出土了可以確認是出自長屋王邸的五萬木簡。木簡指的是長條型的木板，由於當時的紙張非常昂貴，因此將字寫在薄的木板上，等到沒用了之後把表面削去，又可以重複使用。因此，木屑上也可以看到許多文字的紀錄。

在調查這批出土的木簡後發現，從日本各地送來了包括美濃（岐阜縣）的香魚、伊豆（靜岡縣）的鰹魚、武藏的菱角、攝津（大阪府的一部分、兵庫縣的一部分）的竹筴魚、近江的米、讚岐的鯛魚、阿波（德島縣）的豬、筑紫（福岡縣）的鮒壽司等在內的山珍海味。另外，還從山里的冰庫運來冰塊，淋上類似現在煉乳的東西享用。

從這裡可以看出，在實施律令制之下，已

經可以安全並迅速地運送物資到全國各地。

◆首都「平城京」的人口有多少？

長屋王邸位於距離朱雀門數百公尺的地方，北邊面向兩條主要的大道，占地四區域，也就是相當於三萬平方公尺。南邊有一座現在被指定為特別史蹟的左京三條二坊遺跡庭園。以現代的京都來看，相當於是由四條通、烏丸通、高倉通、蛸藥師通圍繞的區域。

如果用條坊表示的話，位於左京三條二坊的西北角。左京是從朱雀大道大內裏看出來的東側，三條是從北起算的第三個坊，二坊則是左京從朱雀大道起算的第二個坊。因此，「坊」既是被東西大道劃分的長條型區塊，也是被東南西北大道圍繞的正方形區塊。

此外，東南西北各有三條道路貫穿每一個坊，劃分成４×４的十六個區塊，這稱之為「坪」。算法如第七十三頁下圖所示。長屋王邸佔據了一、二、七、八坪。

在長安，每一個坊都有圍牆隔離，但平城京沒有。只有朱雀大道兩側有圍牆，展示首都的壯闊。

平城京的人口大約數萬人。當時日本的總人口數約數百萬人，平城京的人口約占百分之一。大和整體的人口約三十萬人，占全國人數的幾個百分點。根據某個推測顯示，在西元７００年時，近畿地方二府四縣的人口為一百一十二萬人，全國人口五百一十三萬人，也就是占全國的百分之二十二。

◆帶著所有人走上黃泉之路的悲劇

長屋王是在藤原不比等死後的時代最具有權力的人。父親高市皇子雖然是天武天皇的長子，但由於母親出身九州的宗像氏，因此沒有辦法成為繼承皇位的候選人。然而，他在壬申之亂中奉命指揮軍隊，成為持統天皇的太政大臣。

高市皇子的妃子是天智天皇的皇女，同時也是元明天皇同母的姐姐，名為御名部皇女。因此，長屋王是繼承皇位的候選人之一，娶文武天皇的姊妹吉備內親王為妃。然而，由聖武天皇繼位的態勢明確，因此長屋王以左大臣的身分，在藤原不比等於720年死後，成為掌握政權的第一把交椅，與吉備內親王生下的孩子們也特別獲得親王的待遇。

然而，729年被懷疑謀反，最終帶著吉備內親王和孩子們自殺。這是因為聖武天皇和光明子（後來的光明皇后）所生的基皇子在生後一年死去，由長屋王的孩子繼承皇位的可能性大增。想必是聖武天皇和光明子、藤原不比等所生的四兄弟，以及地位僅次於長屋王的皇族舍人親王橘諸兄等人，為了怕性格傲慢的長屋王成為獨裁者，因此才會先下手為強。

名產筆記

奈良漬（醬菜）是奈良的名產。用來烹調西洋料理，口味意外搭配。京都著名的廚師史蒂芬・潘特爾（Stephan Pantel）推出的鵝肝奈良漬卷絕頂美味，在家裡也可以試著做做看。

●平城京想像圖

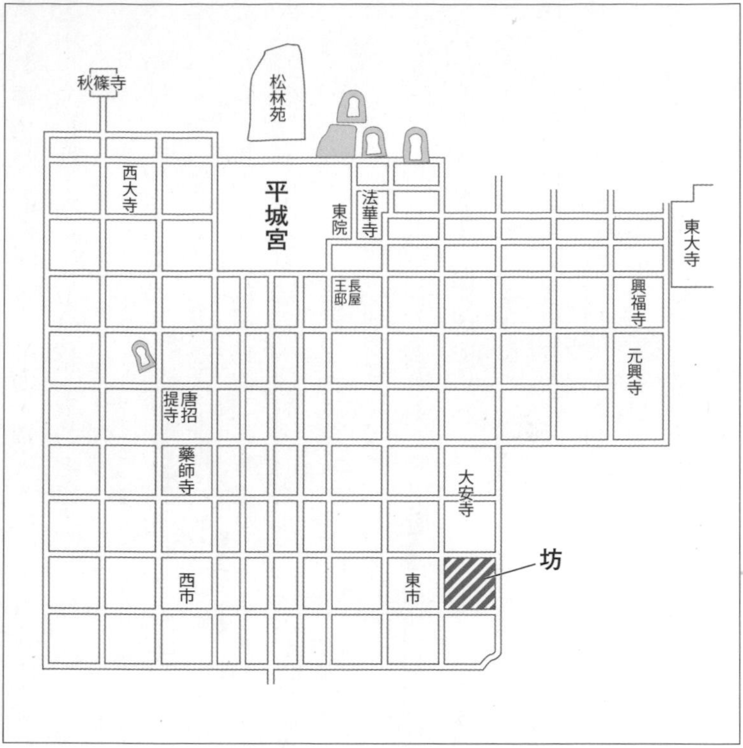
秋篠寺
松林苑
西大寺
平城宮
東院
法華寺
東大寺
長屋王邸
興福寺
元興寺
唐招提寺
藥師寺
大安寺
坊
西市
東市

●「坪」的算法

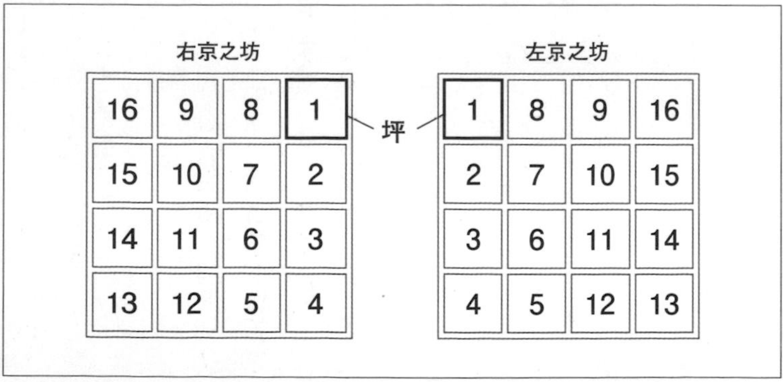
右京之坊
16 9 8 1
15 10 7 2
14 11 6 3
13 12 5 4
坪
左京之坊
1 8 9 16
2 7 10 15
3 6 11 14
4 5 12 13

●歷代天皇略系圖（34代～50代）

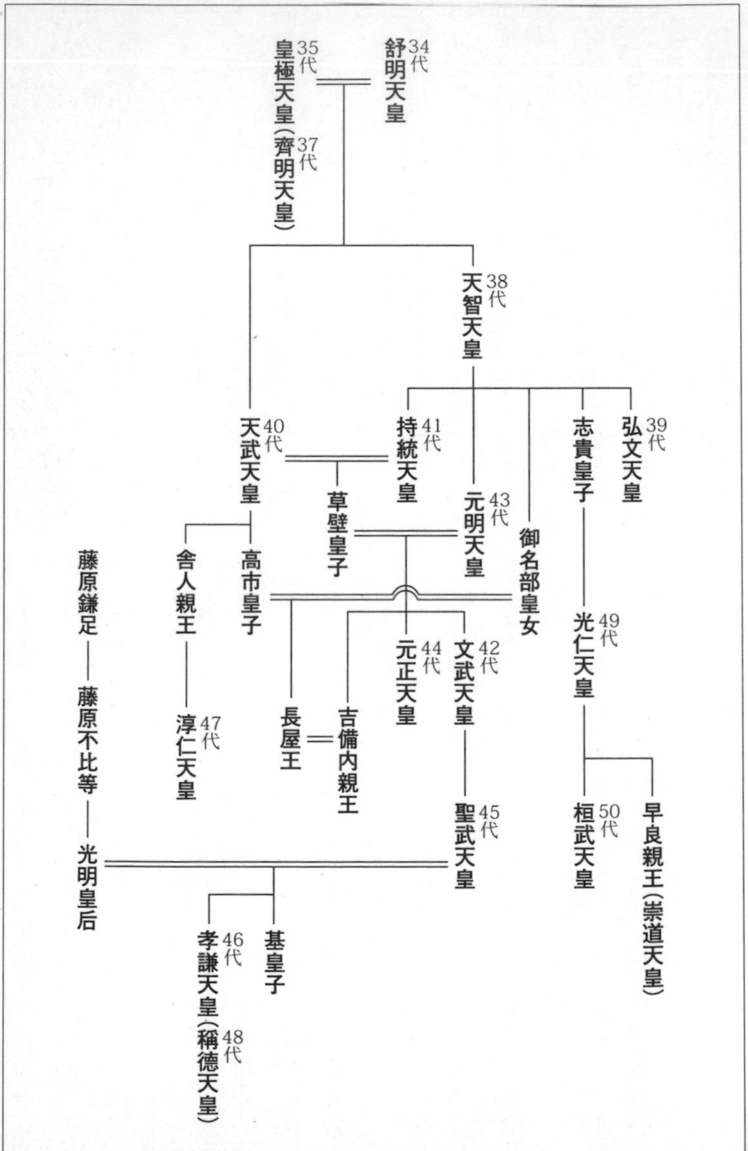

7 為什平城京有兩個大極殿遺跡？

比起平安京，平城京很早就荒廢，因此文獻上並沒有太多紀載。然而，比起現在已經是市區的平安京，平城京的考古挖掘要容易許多。

◆從幕末開始的大極殿遺跡保存運動

江戶時代的1852（嘉永5年），名為北浦定政的奈良奉行所官吏撰寫了《平城宮大內裏跡坪割之圖》，推測平城宮遺跡，這是保存的第一步。從明治到大正，名為棚田嘉十郎的植木屋主人等當地人士，開始了大極殿遺跡的保存活動。

戰後，這裡被指定為國家的特別史蹟，1998（平成10）年，包含平成宮遺跡在內的「古都奈良文化財」登錄成為聯合國的世界遺產。

當中，復原了當時朱雀門和東院庭園的建築物和庭院。到了相當於平成遷都一千三百年的2010（平成22）年，花了九年時間的第一大極殿正殿復原工程終於完成。比起被認為是復原平安京大極殿而成的平安神宮更壯觀，南都的人可說是很有面子。

這裡之所以會說是第一大極殿，正如同之後的詳細說明，遷都恭仁京的時候，將這個大極殿搬過去，之後還都平城京的時候，又興建了第二大極殿。

關於這兩個大極殿的關係，有許多人都是用舊知識來理解，但這裡只介紹已經確認的定論。

◆用來代替大極殿的大安殿

遷都平城京的時候將藤原京的大極殿移到這裡，但在工程期間也不能沒有大極殿。於是，在平城京朱雀門東邊壬生門的延長線上，興建了一座名為大安殿的掘立柱（譯註：不使用礎石，而是地面挖一個洞，再立起樑柱）建築物，用來代替大極殿使用，後面設有內裏。

另外，又在朱雀門的延長線上移入藤原京的大極殿，改建成現在復原之後呈現的樣貌。這時學習長安城大明宮舍元殿的做法，將大極殿放在石壇上。

推測藤原宮東西九棟、南北兩棟主建築物的四面都有屋簷，圍繞太極殿東西北的迴廊都蓋有宮殿，屬於蓋在礎石上的磚瓦建築。平城宮則是東西七間、南北兩棟主建築物的四面都有屋簷，北側迴廊則有後殿。

然而，這個大極殿後來被搬到恭仁京，還都平城京的時候，在原本大安殿的礎石上，重新興建了大極殿。在原本大極殿的位置則設置了名為「百柱間」的饗宴會場，這是模仿大寶遣唐使（嚴格來說應該是武則天的周朝）粟田朝臣真人一行人接受武則天招待的大明宮麟德殿所建。

◆通過遺跡的近鐵電車

另外，東西大極殿的前面有許多棟明為朝堂院的官府建築物，其中一棟被移到唐招提寺作為講堂，一直保存到現在。平安京的大內裏是長方形，而平城京大內裏的東北方突出，這個突出的部分是東院。這是為了當時的首皇子，也就是後來的聖武天皇所興建，沒有皇太子的時候則當成是天皇的別墅使用。

稱德天皇（重祚後的孝謙天皇）用綠色的磚瓦興建了東院玉殿，光仁天皇則是興建了名

●平城京的兩座大極殿

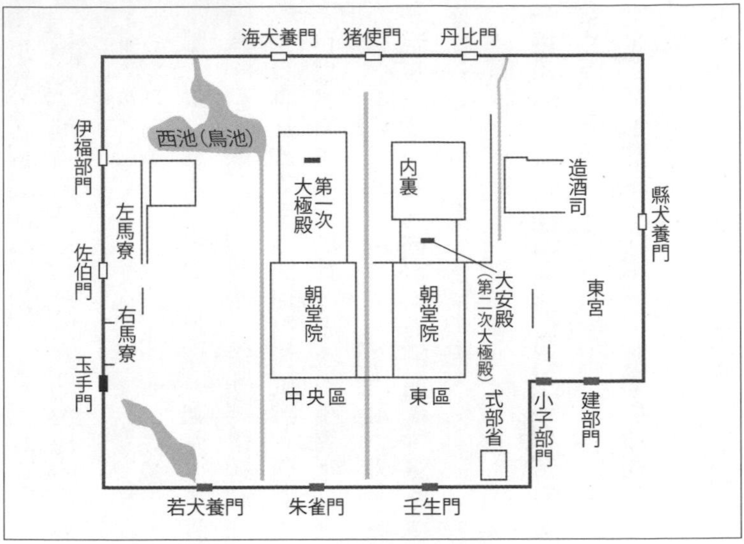

為楊梅宮的離宮。這裡的庭園和部分建築物獲得復原。

另外，大內裏的背後還有一座名為松林苑的離宮。

關於這個大內裏，現在正在修整，預計建成遺跡公園，可舉辦許多不同的活動，但近鐵電車剛好從中間通過。據說電車將來會地下化，但由於是主要幹線，不是這麼簡單的一件事。

名產筆記

平城京遺跡附近有許多稻田，奈良縣非常努力宣傳「大和蔬菜」。東京有一間名為「時之森」的特產店兼法國餐廳，在那裡就可以吃到大和蔬菜。

8 聖武天皇遷都恭仁京的理由

第二次世界大戰之前，日本在朝鮮半島實施名為「創氏改名」的政策，將朝鮮傳統的姓名改為日本風的姓名，因而遭到批評。然而，日本自己也有實施「創氏改名」。事實上，現在日本人的氏名是1873（明治6）年戶籍法制定後，才改為如西洋一般的「姓（family name）」和「名（first name）」。

◆「德川」、「織田」並沒有出現在官方文獻中？

我們一般會說「姓名」，但嚴格來說不是「姓」而是「氏」。「姓」原本是由天皇所賜。主要的姓「源」、「平」、「藤原」、「橘」，統稱「源平藤橘」，「蘇我」和「菅原」也是姓。江戶時代的大名前田、松，他們的姓是「菅原」，毛利是「大江」，而木下的姓則是「豐臣」。

另外，「清原」和「在原」各出自天武天皇和平城天皇，與「源」、「平」相同，島津氏原本的姓「惟宗」，也是秦氏於平安時代改姓而來。大內氏則是出自百濟王家的姓「多多良」。

「德川」和「織田」也不是姓而是氏，皆來自於地名，因此在獲得朝廷官位的時候寫作「源家康」或「平信長」，「德川」和「織田」等氏不會出現在官方的文獻當中。

「源平藤橘」是四大姓，「源平」是皇族降為臣籍的時候使用的姓，而「藤原」則是天智天皇賜給中臣鎌足的姓。至於「橘」，這是元正天皇賜給光明皇后的母親縣犬養三千代的

●藤原不比等夫婦關係圖

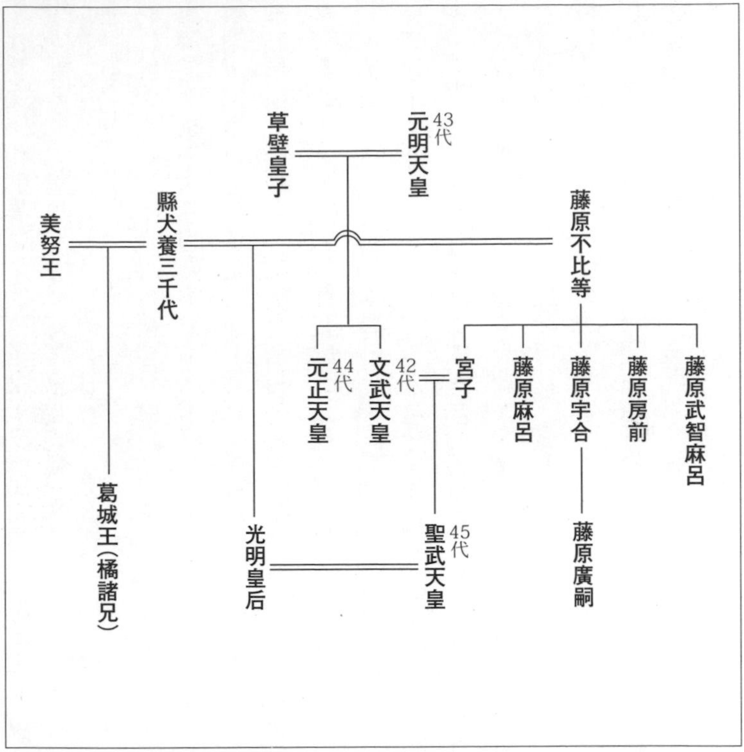

姓。

◆藤原不比等是靠妻子上位？

縣犬養三千代與敏達天皇的子孫美努王結婚，生下諸兄。三千代並且在天武天皇的宮廷內，擔任草壁皇子和天智天皇的皇女（元明女帝）之間生下的文武天皇的奶娘，成為後宮最有實力的人。

三千代的丈夫美努王前往大宰府任職的時候，她繼續留在持統天皇的宮廷裡，最終與當時尚屬中堅官僚的藤原不比等結婚。當時並沒有離婚這一件事，只是自然而然地分開。

三千代將丈夫和前妻所生的宮子推上文武天皇妃的位置，生下聖武天皇，又幫助再婚對象的藤原不比等上位。

以現代人的想法來說，很容易會認為三千代因為是藤原不比等的妻子，所以才有能力呼風喚雨，但事實應該是相反的。就算是天皇，推古、皇極（齊明）、持統、元明、元正等五位女帝都比男帝有能力，存在感也比較高。以男為主的想法，並不適用於當時的環境。

例如，天武天皇和持統天皇究竟誰為「主」，也非常難說。橘三千代與元明天皇聯手，將文武和聖武推上天皇的寶座，再讓光明子當上皇后，這樣的看法比較自然。光明皇后是自仁德天皇后磐之媛以來的民間皇后，如果長屋王還健在的話，也許不會發生這種事。另外，光明子是在藤原不比等死後九年才當上皇后，因此不能說是靠藤原不比等的政治力量。

◆三十七歲才首度與生母見面的聖武天皇

長屋王遭到排除之後，藤原不比等的四個兒子和三千代之子葛城王負責朝政，葛城王竟然使用母親獲賜的橘姓，降為臣籍，成為了橘諸兄。之後，藤原四兄弟相繼病歿，政權由諸兄把持。

這時的聖武天皇和光明皇后都進入三十代，這三人加上元正上皇，採取集體指導體制。聖武天皇喜歡穩健的人，敦厚又忠心的諸兄剛好對了他的胃口。然而，諸兄壓制不住天皇的任性也是事實。

這時，從中國唐朝留學回來的吉備真備和玄昉身為諸兄的親信而逐漸受到重用。聖武天皇的生母，同時也是藤原不比等女兒的宮子，由於難產導致精神異常，被軟禁在藤原不比等邸，從來沒有和天皇見過面。在玄昉的治療之下病情好轉，在天皇三十七歲的時候，終於首

●恭仁京遺跡和現在的地形

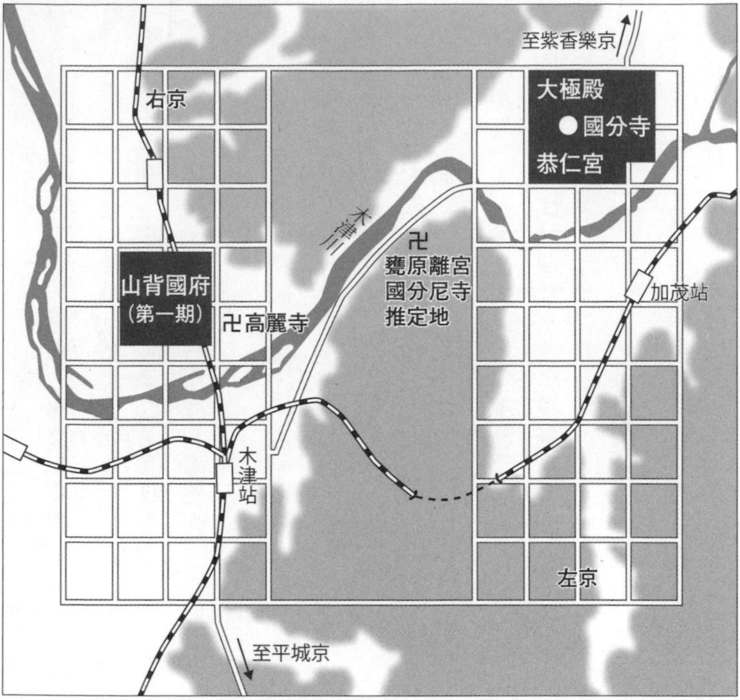

度和生母見面。另外，吉備真備還從中國帶回了中國式的軍學。

最終推翻諸兄政權的是擔任大宰權宰的藤原廣繼（藤原四兄弟中的藤原宇和之子）。聖武天皇獲報後離開平城京前往伊勢和美濃出巡。最後在山城國（京都府）相樂郡宣布遷都恭仁京（740年）。恭仁京的正式名稱是大養德恭仁大宮。

◆遷都恭仁京的意外理由

遷都恭仁京的理由有許多個，其一是恭仁京位於大和出山城的路線上。由於平城京沒有面向大河川，因此使用的是越過北方奈良坂出木津川畔的路線，在這附近建有離宮。

另一個可能的遷都理由是這塊地和洛陽非常相似。洛陽的位置根據時代雖然有所不同，但隋唐時代的洛陽，洛水（洛河）流過都城正中央，大內裏位於西北角落，洛水流向南部的商業地區，建有一座大橋。

恭仁京的大極殿位於現在木津川市（京都府）JR關西本線加茂車站北側，中間隔著木津川，在恭仁小學東側。木津川上有一座大橋。但由於土地不足，因此隔著一座山，在西側的木津車站附近興建了右京補足。

有人認為，在紫香樂興建大佛才是遷都的主要目的，模仿中國的首都，為了補強佛教聖地紫香樂，於是才會興建世俗之都的恭仁京。龍門石窟的奉先寺裡有盧舍那佛。奉先寺是唐高宗於675年興建的寺院，高宗的皇后是武則天。武則天後來成為女帝（690～705年），改名神都後遷都洛陽。

名產筆記

供奉白鳳佛的蟹滿寺、成為山城國起義歷史舞台的村落、可以撈到淡水蟹的河川以及美麗的梯田風景等，非常值得一遊的踏青路線。另外，近年來木津市成為著名的拉麵城市，有許多大排長龍的人氣拉麵店。

9 大佛原本應該建在紫香樂？

滋賀縣甲賀市是甲賀忍者的故鄉。甲賀應念作「Koka」而不是「Koga」。佔據甲賀西南部的是舊信樂町。這裡人口雖少，但有許多值得一遊的觀光景點。

◆「狸貓」、「茶」、「油菜花醬菜」

首先，作為陶器之城，狸貓的裝飾品非常著名。與三重縣的交界處有一個明為多羅尾的地方，過去幕府管轄近畿地方的代官所就設在這裡。德川家康在本能寺之變後逃回三河（愛知縣），在這裡受到當地土豪多羅尾氏的幫助，因此自江戶時代起，這裡就是一個特別的地方。朝宮盛產品質優良的茶葉，被稱為宇治茶的茶葉多半都是產自這裡。另外，經常被誤以為是京都醬菜的油菜花醬菜，其實是信樂的鄉土料理。

從大津市的瀨田前往信樂的途中，有一座由宗教法人經營的MIHO美術館。這裡是建造羅浮宮美術館玻璃金字塔的貝聿銘所設計的作品，將景觀、建築、收藏品融為一體，是留名世界美術史的著名建築物，同時也是少數獲得米其林觀光三星的美術館之一。另外，在從信樂高原鐵道往JR草津線貴生川車站前進的路上，可以看到聖武天皇紫香樂京的遺跡。

◆大佛原本應該建在紫香樂？

遷都恭仁京的聖武天皇，同時建設了從恭仁京往東國的街道。此外，他特別喜歡中途經過的紫香樂之地，於是開始興建離宮。紫香樂是一片高原，氣候舒適，聖武天皇經常出巡此地。

這些建設工程成為朝廷的一大負擔，743（天平15）年中止興建恭仁京，天皇於翌年遷都難波。

同樣於743年，天皇在紫香樂宮頒布了「大佛造顯之詔」，開始興建甲賀寺。745年正月，於紫香樂宮門前立了一個大牌匾，象徵皇居，被稱為「新京」，也就是遷都。

然而，此舉遭到強力反彈，紫香樂宮周邊山區火災頻傳，美濃發生的強震在紫香樂都可以感受到，在這些因素之下，天皇回到了平城京。同時，大佛也改為在奈良興建。

◆武則天的大佛成為光明皇后的範本

紫香宮遺跡位於新名神信樂交流道附近。南側有一個作為史蹟的紫香樂宮遺跡，但這是錯誤的，這裡其實是預計興建大佛的甲賀寺遺跡。

紫香宮的位置是在北側被稱為宮町遺跡的地方。三方被山圍繞。雖然被山圍繞，但並非是深山幽谷，反而是一片寬廣的高原。

因為這樣的地形，有人說聖武天皇是以洛陽郊外的龍門石窟為範本。龍門石窟是從洛陽往南進入山谷附近，挖掘山崖而成。

尤其有名的奉先寺大佛，體積與奈良的大佛差不多。非印度風的大佛，臉部表情祥和。武則天捐了許多錢來興建這個大佛，也有大佛其實是以武則天為範本興建的傳說。很可惜地，有許多專家指出時期不符，但美麗的臉龐讓人忍不住相信傳說。

武則天後來成為女帝，受到後世儒家學者的諸多批判，但她提拔人才，社會安定，幾乎沒有發生農民暴動，現代中國社會對於武則天

●史蹟紫香樂宮遺跡（甲賀寺遺跡）

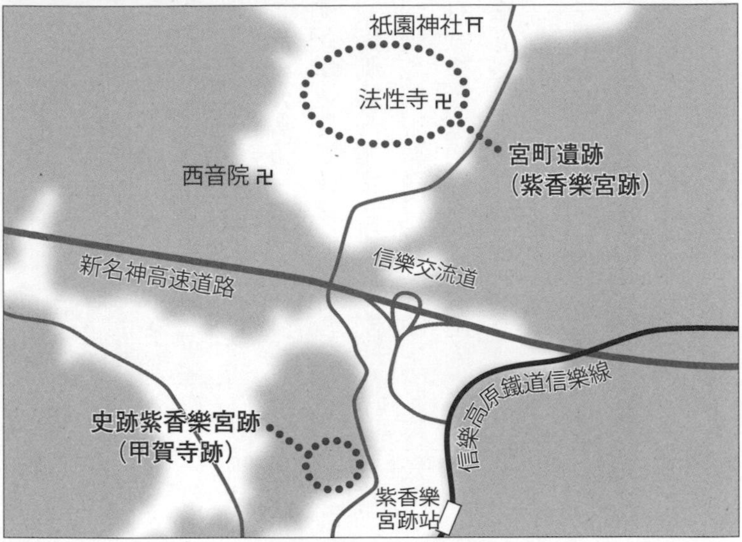

有一些新的評價。

從中國歸國的吉備真備和玄昉獲得光明皇后的重用，光明皇后當然也聽過武則天，憧憬進而以她為範本，在風光明媚的地方鑄造大佛，打造可說是佛教桃源鄉的首都，這是非常自然的發展。鑄造大佛需要大量木材，從這一點看來，這裡也是最適合的地點。然而，在這樣的盆地鑄造大佛，空氣汙染之嚴重可想而知。

無論如何，自聖武天皇回到平城京起，這個都城和寺院都遭到捨棄，現在留下「宮町」、「勅旨」、「內裏野」等地名。

10 原本應該是「四大寺」？南都七大寺

大家應該有聽過「南都七大寺」，一般而言指的是東大寺、西大寺、法隆寺、藥師寺、大安寺、元興寺、興福寺，但也有人把唐招提寺和法華寺加進去。

所謂的「南都」是自平安時代起對奈良的稱呼，如同現在奈良縣最大的地方銀行是南都銀行一般，「南都」經常被用來當作奈良市的別名。

◆元興寺使用的世界最古老木材

自佛教於飛鳥時代傳進日本之後，主要的寺院都是由國家興建。第一座是於593（推古天皇元）年開始建造的四天王寺。另外，根據《續日本紀》的紀載，在藤原京時代，包括蘇我氏建造的法興寺（飛鳥寺）在內，藥師寺、大官大寺，以及與飛鳥板蓋宮相鄰的川原寺並稱四大寺，受到國家的庇護。在這個基礎之上，經過之後的變遷，才會出現南都七大寺的說法。

當中，為了天武天皇祈求皇后（持統天皇）病癒而創建的藥師寺後來移到平城京，本藥師寺則留在藤原京，一直保留到11世紀為止。現在依舊留有礎石，成為了特別史蹟。

法興寺移到平城京後更名元興寺，現存的飛鳥寺裡，由止利佛師製作的大佛依舊健在。元興寺逐漸衰退，七重塔的樣貌雖有改變，但一直保存到幕末的1859（安政6）年，現在成為了華嚴宗的寺院。

另外，境內一部分是淨土曼荼羅，這裡有一座名為極樂坊的真言律宗（本山（譯註：日

●興福寺五重塔

本佛教用語，指的是宗派內地位特別的寺院）是西大寺）寺院，可供信徒聚會。現在依舊使用元興寺的名字。這裡的本堂和禪室建於奈良時代，在鎌倉時代經過一番改動，保留至今。據推測，當中一部分使用的是582（敏達天皇11）年砍伐的木材，是世界上最古老的建築木材，有可能是從蘇我氏時代的飛鳥寺移到這裡。另外，收藏庫裡還有奈良時代製作、高達五公尺的五重塔。以工藝品來說體積過於龐大，因此，作為建築物，被指定為國寶。

◆興福寺並非藤原氏的氏寺？

大官大寺的起源是聖德太子於大和郡山市興建的熊凝精舍，在舒明天皇的時候成為櫻井市吉備的「百濟大寺」，移到飛鳥後成為高市大寺，之後才成為大官大寺。

在平城京的時候稱大安寺，東西的七重塔矗立在南大門的外側，屬於大安寺式的伽藍配置。平安時代，大部分的伽藍都遭到燒毀，因為天智天皇的發願，而曾經有一座丈六（約四．八五公尺）、乾漆製造的釋迦如來佛像，非常有名。十二世紀造訪奈良的大江欽通在《七大寺巡禮私記》中寫道：「藥師寺的藥師三尊無比壯觀，但仍不及大安寺的釋迦像」。

興福寺的起源是669（天智天皇8）

年，藤原鎌足夫人於京都山科興建的山階寺，遷移到高市郡廄坂（橿原神宮前車站東側），最終又遷到平城京外京的現址。有人認為這是藤原氏的氏寺卻受到官寺一般的待遇，可見藤原不比等的權勢。然而，氏寺或是菩提寺是江戶時代檀家制度制定後才出現的觀念。基本上不會說元興寺是蘇我氏的氏寺，或法隆寺是上宮家的菩提寺等。

如前所述，法隆寺與聖德太子的斑鳩宮相鄰。不知道何時開始出現信奉聖德太子的信仰，但在天武天皇的時候，已經有了許多的信徒。

為普及太子信仰做出貢獻的人是橘三千代和光明皇后母女。法隆寺的寺格也因為這樣而上升，現在看到的西院伽藍於七世紀末完成，而夢殿等東院伽藍則是於奈良時代完成。

法隆寺有一個被稱為橘夫人廚子的美麗佛龕，用來放置白鳳時代的阿彌陀三尊。

到這裡為止是最初的南都七大寺。雖然是起源於平城遷都之前的寺院，但新寺院之首是東大寺，關於這一點，如前所述。

◆改成五重塔而墜入地獄的左大臣

從名字也可以猜出一二，東大寺最大的對手就是西大寺。西大寺據說是孝謙天皇向四天王祈願鎮壓惠美押勝之亂而興建的寺院。原本預計建造八角的七重塔，但《日本靈異記》中記載：「左大臣藤原永手將八角改為四角，七層改為五層，因而墜入地獄」。中國雖然有八角塔，但日本沒有相關的經驗，想必是考慮到技術和經濟層面而做出變更。

西大寺的伽藍很早就遭到燒毀，鎌倉時代有一位名為叡尊的僧侶，非常熱衷於社會福祉而受到大家的尊敬，西大寺也因此找回過去的

●「南都七大寺」周邊地圖

繁榮。這座八角塔的基底現在還保留下來。用直徑四十公分的大碗喝抹茶來紀念叡尊的「大茶盛」活動，是奈良秋天的一大盛事。

另外，也有人將唐招提寺和法華寺列入南都七大寺。唐招提寺是賜予鑑真和尚的寺院，是新田部親王的舊邸。金堂安置有乾漆的毘盧遮那佛、千手觀音、藥師如來。如前所述，講堂是移自平城京朝堂院。另外，御影堂安置有鑑真和尚著名的肖像雕刻。

11 團結日本國民的象徵——東大寺大佛

奈良的大佛可說是團結日本國民的象徵之一。在聖武天皇的時候，開始了這一個前所未聞的國家計畫。不僅如此，大佛在源平之戰遭到燒毀之後，由源賴朝重建，之後又被大和的戰國武將松永久秀燒毀，經過了很長的一段時間，才又在「犬將軍」德川綱吉之母桂昌院的幫助之下重建。

第二次重建之所以會拖了很長一段時間，是因為豐臣秀吉在京都方廣寺鑄造了一座超越奈良的大佛。因此曾經有很長的一段時間，說到大佛，大家想到的會是京都的大佛。奈良的大佛在遭到松永久秀火燒之後，作為應急處理的手段，而將大佛放在露天之下。

◆庶民協助下的大佛興建計畫

聖武天皇為了打造以佛教為主的國家，於是在740（天平12）年下令建造國分寺和國分尼寺，翌年又宣布要在紫香樂建造大佛。

詔曰：「吾身為天皇慈民愛物，但佛祖的恩德尚未遍行天下。望藉三寶（佛、法、僧）之力令天下安泰，使所有生命都能生氣蓬勃。就算耗盡全國的銅鑄也要造大佛，就算削除山嶺也要興建佛堂，普及天下。就算是一根草、一把土，只要願意幫忙，都無條件許可」。

總共使用了銅四百九十九噸、錫八．五噸、金〇．四噸、水銀二．五噸，下詔後十一年，在奈良舉行了開光點眼的儀式。

想當然，興建大佛為財政帶來了很大的負擔，但受人景仰的僧侶行基等人召集了許多願意盡一份力的人。在鎌倉時代重建的時候，全國各地也湧入了許多捐款，歌舞伎〈勸進帳〉

便有這一段情節的描述。

另外，直到今日，大佛都為維持國民團結做出貢獻，在觀光方面也帶來了許多經濟效益。

現在的東大寺，裡面的大佛殿是於江戶時代重建，寬度約為原本的三分之二。供奉不空索觀音的三月堂主要部分建築和名為轉害門的西側門是創建當時的建築。南大門是鎌倉時代的重建，採用的是名為天竺樣的建築樣式。

東西有比東寺的塔還要大的七重塔，大阪萬國博覽會的日本館，便是重現了這一座東大寺的七重塔。偶爾會有人提出希望在當地重建的提議。

正倉院採取的是名為「校倉造（譯註：壁面交叉重疊斷面為三角形的木材而成的工法）」的建築樣式，裡面收藏了許多光明皇太后捐贈給東大寺的聖武天皇遺物。當中包括了比利時的舶來品等珍貴物品，但比物品更珍貴的是物品由來的詳細紀載，作為文化財產的價值也因此升高。

國分寺和國分尼寺作為文化中心，為提升地方文化做出貢獻。如同教會一般，地方興建並經營宗教設施雖然成本很高，但啟發的效果卓越。一下子看到朱色的七重塔或丈六的佛像，還是會帶給人們很大的衝擊。

◆唯一一個舊國府成為縣廳所在地的例子

國分寺、國分尼寺大多位於各國的國府（譯註：日本奈良至平安時代，令制國為了執行政務而設置相關設施的城市）附近。在當時的年代，大規模的治水工程非常困難，不僅是宮殿，就連國府也多選在和緩高台的傾斜地。另外，越後國府在上越市、下總國府在市川市等，畿內附近有許多國府。

現代都市並沒有繼承當時的國府，舊國府直接成為縣政府所在地的只有靜岡縣。然而，各地都可以看到如府中（東京都和廣島縣）、防府或長府（皆在山口縣）這樣的地名。

然而，含有「府」字的地名當中，有一些其實是中世紀的守護所（譯註：中世紀地方各國負責軍事行政的「守護」的府邸所在地），但也使用「府」這個字。例如，甲府的地名源自武田氏的躑躅崎館。大分氏國府和大友氏的守護館，府內城逐漸從山側偏向海側。

◆以光明皇后為範本的十一面觀音像

有一半以上的國分寺都以寺院的形式保存了下來，有許多地方也保存了國分寺這個名字。當中，備中國分寺（岡山縣總社市）有五重塔，高松市西郊外的讚岐國分寺遺跡，則是日本全國唯一被指定為「特別史蹟」的國分寺，非常值得一看。

此外，掌管所有國分寺的是東大寺，而掌管所有國分尼寺的則是因十一面觀音像而著名的法華寺（奈良市）。全國繼承國分尼寺的寺院共有十所。仙台市若林區和飛彈高山的國分尼寺繼續使用國分尼寺的名字，也有幾所寺院的名字改為法華寺。

奈良的法華寺是光明皇后將藤原不比等的舊邸用來當作皇后宮使用的地方。本尊十一面觀音像傳說是以皇后為範本製作，是一尊非常婀娜多姿的美麗佛像。收藏這座佛像的本堂是出自豐臣秀賴和母親淀殿的捐贈。

●東大寺周邊地圖

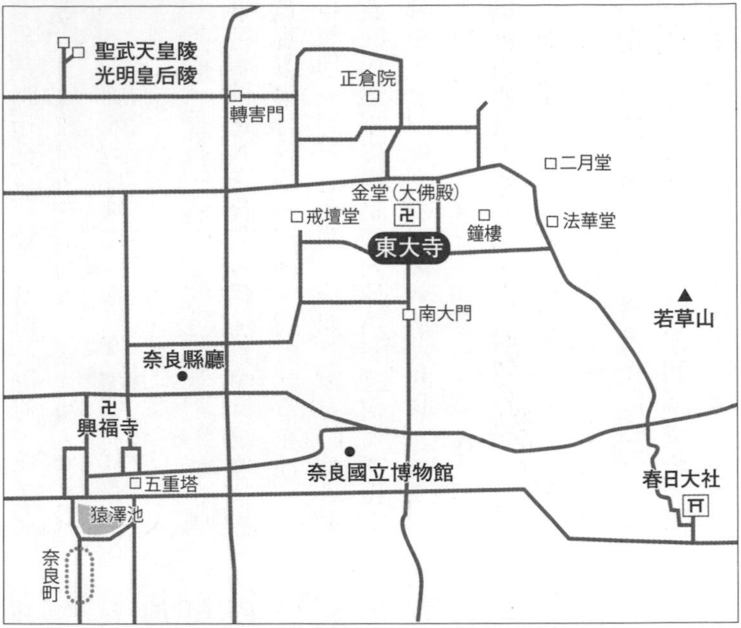

●東大寺的大佛

●東大寺大佛殿(上)和轉害門

12 與怪僧淵源深厚的陪都——保良宮和由義宮

說到近江的「保良宮」或河內的「由義宮」，也許很多人沒有聽過。這些地方在過去被視為是陪都（副首都）。

保良宮是淳仁天皇（上皇是孝謙上皇）的陪都，由義宮則是稱德天皇（孝謙天皇再度即位後的稱號）的陪都，兩者的關鍵字都是有日本拉斯普丁之稱的怪僧「道鏡」。孝謙上皇和道鏡的相遇是在保良宮，兩人最後見面的地方是在由義宮。

◆石山寺附近的陪都「保良宮」

大津市南部有一個名為石山的地方。世界級纖維和化學品製造商東麗（TORAY），就是從這裡的嫘縈工廠起家。紫式部在寫《源氏物語》的時候，也是從這裡開始。他在這座位於面向瀨田川高台上的石山寺，一邊祈願，一邊構思小說。他看到從對岸瀨田方面升起的月亮有感而發，「今宵十五，憶當夜宮中遊宴」，於是開始撰寫〈須磨〉卷，而不是從第一卷的〈桐壺〉開始寫。

這座石山寺是聖武天皇時代，為了祈求找到為大佛鍍金所需要的金，而由良弁僧正創建的寺院。這座石山寺的後山是伽藍山，對面丘陵地有名為國分的聚落，據說這裡是保良宮的遺址，但尚未發現大規模的遺跡。其北側的大片土地是東麗滋賀事業部的所有地，也許這也是很難挖掘到遺跡的原因之一。只不過，這裡留下「北大路」的地名，因此和保良宮應該有所關連。

另外，附近有石山寺應該也是保良宮選擇

●保良宮推定地周邊地圖

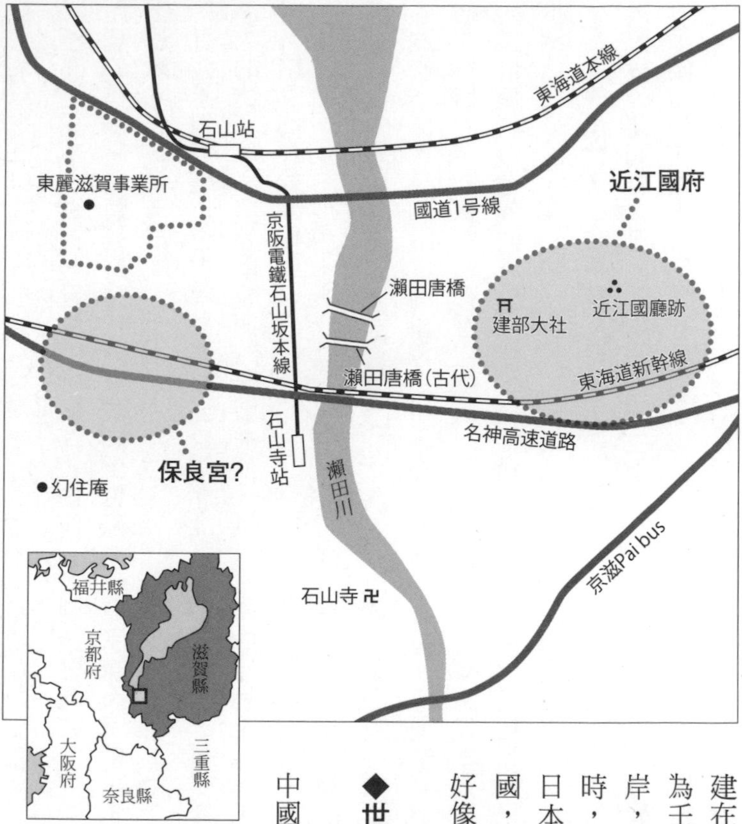

建在這裡的原因之一。同時，成為壬申之亂激戰地的瀨田唐橋對岸，還有近江國府和國分寺。當時，近江是除了陸奧之外，擁有日本最多人口和生產力的令制國，因此，保良宮和近江國府就好像是兄弟城一般。

◆世界上的首都遷移的原因

這個保良宮是淳仁天皇模仿中國經營複數都城而興建。興建陪都的動機有許多，在近代之前，如果許多人一直住在同一個地方，則在確保糧食和處理廢棄物上會產生許多問題，因此宮廷經常搬來搬去。

不僅是日本，歐洲一直到中世紀為止都沒有所謂的首都。文藝復興時代的法國國王也來往盧瓦爾城等的幾個宮廷。

近江土地豐饒，也很容易聚集從東國和北國而來的物資，和與西國相通的難波並列，具備成為陪都的良好條件。

◆興建於道鏡故鄉的陪都「由義宮」

關於孝謙天皇和道鏡的皇位之爭，由於本書的主要目的不在探討古代歷史之謎，道鏡事件的詳情還請參考我的其他拙作，這裡僅介紹我推測出的結論。

為了傳位給天武和持統兩帝的男系子孫，聖武天皇因此即位，但他與光明皇后生下的唯一皇子僅一年便死去，另外一名皇子也夭折。文武天皇的姊妹吉備內親王所生的皇子們屬於天武和持統兩帝的女系子孫，但在長屋王事件時全數死亡。而聖武天皇和光明皇后所生的女兒孝謙天皇則是未結婚就即位，因此沒有留下子孫。

於是，與孝謙天皇異母妹的不破內親王結婚的鹽燒王成為了最有力的皇位候選人，但他非常不起眼。這時，比起與聖武上皇的血緣關係，更以人品為優先考量，於是立鹽燒王的弟弟道祖王為皇太子，但在聖武上皇死後，卻因素行不良而遭到驅逐。作為緊急救援而即位的是編纂《日本書紀》的舍人親王之子——淳仁天皇。這是光明皇太后和他的親信惠美押勝做出的決定。

然而，光明皇太后死後，孝謙上皇好像卸下身上重擔般奔放不羈，為了治病而與道鏡過從甚密（不確定是否有男女關係），並讓為此進言的淳仁天皇和惠美押勝失勢，自己重新即

●歷代天皇略系圖（40代～48代）

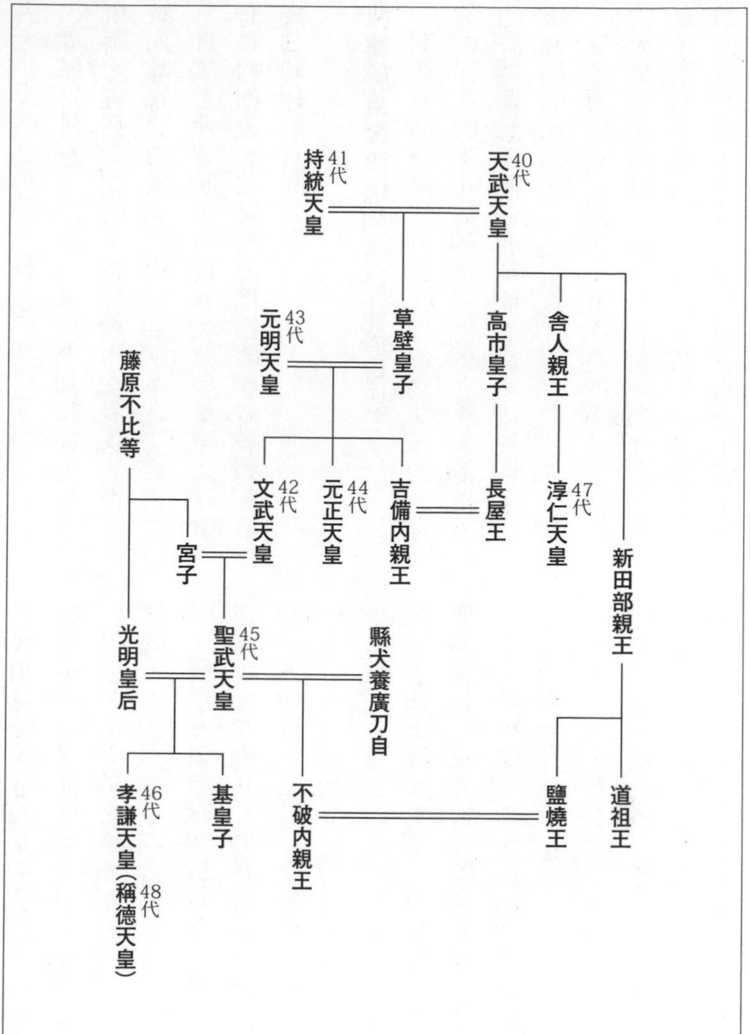

位為天皇，稱號稱德天皇，回到平城京。

此時，她打算立道鏡為中間銜接的天皇，直到其他適任者出現。雖然後來因為反對聲浪過大而放棄立道鏡為天皇，但女帝在道鏡的故鄉河內興建由義宮（八尾市）作為陪都。ＪＲ大和路線的志紀車站附近的由義神社就是由義宮的遺跡。

◆失意的怪僧被貶到下野藥師寺

稱德女帝病倒，回到平城京後也沒有和道鏡見面，在沒有指名繼承人的情況下駕崩。被留下的道鏡被貶到設有戒壇、與東大寺和大宰府觀世音寺並列的下野藥師寺擔任別當（譯註：掌管寺務的僧職），在那裡死去。

下野藥師寺創建於天武天皇時代，位於栃木縣下野市自治醫大附近，在室町時代足利幕府修整全國各地的安國寺時繁榮過一段時間，但後來被捲入北條氏和結城氏、多賀谷氏之爭，於１５７１（元龜２）年燒毀，因而沒落。

奈良時代的伽藍基本上採取的都是四天王寺式，金堂和塔之間有東金堂和西金堂。另外，塔於平安時代燒毀，在有一段距離的地方重建。史蹟歷史館的重建模型呈現的是平安時代的樣貌。

名產筆記

石山瀨田川的蜆、八尾的牛蒡和毛豆、下野市的瓢瓜乾產量是日本第一。

13 為了告別奢華？遷都長岡京

有人認為，桓武天皇之所以執意遷都長岡京，主要是為了遠離道鏡事件中所看到的奈良佛教界的蠻橫。然而，這似乎是找錯了方向。道鏡本來就不是奈良佛教界的代表性人物，只是孝謙（稱德）個人的偏好而已。另外，道鏡興建的寺院也沒有過度使用金錢的情況。

然而，一般而言，佛教屬於奢華、開銷大的宗教。壯觀的堂宇和佛像、佛具等都需要大筆金錢，甚至還有使用黃金等高價材料來抄經。但也正因為如此，佛教才充滿魅力，進而可以發展成為一項產業，但花費高這一點也是不爭的事實。在貨幣經濟發達的中國，原本應該用來鑄造錢幣的銅全部被用來製作佛具，銅的不足最終成為廢佛的原因之一。

如此想來，雖然不全是因為佛教，但平城京的奢華生活應該是促成遷都的原因之一。

◆水運方便的「長岡京」

平城京最大的缺點就是交通運輸上的不方便。平城京只有大和川支流的佐保川上游流過，無論是各種物資的搬入，或是包含糞尿在內的廢棄物的搬出皆不方便。另外，在考慮到與各國之間的交通往來，若想前往東國，比起大和，山城更方便。

至於難波京，對於當時擔心外國入侵的人們而言，首都設在離海很近的地方有一定的風險。再加上從淀川上游流下來的砂石都堆積在河口，港灣也出現了問題。

如此一來，有人提出淀川中游的山城也許是不錯的選擇。然而，正因為有淀川（宇治川）

和桂川等大河川流過，洪災的可能性也成為一大問題。但由於引進大陸的土木技術，使得大規模的都市開發變得可行。

淀川以長度來說稱不上是大河，但流量穩定，用來決定水運容量的最低流量也是利根川的兩倍。尤其在宇治川、木津川、桂川三川匯流的山崎附近，可以讓大型船隻逆流而上。因此，長岡京便利的水運交通讓其具備了成為理想首都的條件。

◆旁邊也是「長岡京市」

長岡京的位置橫跨現在的長岡京市和向日市。大極殿等主要部分位於向日市內，但以面積來看，長岡京的大部分都位於現在的長岡京市，因此，1972（昭和47）長岡京市誕生，JR車站也取名「長岡京站」，世界知名的電子零件製造商村田製作所的總公司就在長岡京車站前。但對於向日市來說，想必不是滋味。

另一方面，阪急電車的長岡天神站附近過去是菅原道真的領地，這裡有一座與他淵源深厚的長岡天滿宮，是欣賞鈍葉杜鵑的好去處。

地形方面，長岡京大極殿附近標高三十公尺左右，羅城門十五公尺，四條附近二十公尺，都城西北角六十公尺左右，北和西的地勢高，水流順暢。

朱雀大路附近的小畑川也是一條不小的河川，這附近的地基不太穩固。這裡有很多竹林，盛產竹筍，地基鬆軟且溼氣重，只有竹子可以扎根。

◆災害、放火、暗殺……前所未有的困難工程

784（延曆3）年11月11日遷都，大極殿也從難波京遷移到長岡京。這也是為了避免

●長岡京（推測）和現在的略地圖（地形是現代的地形）

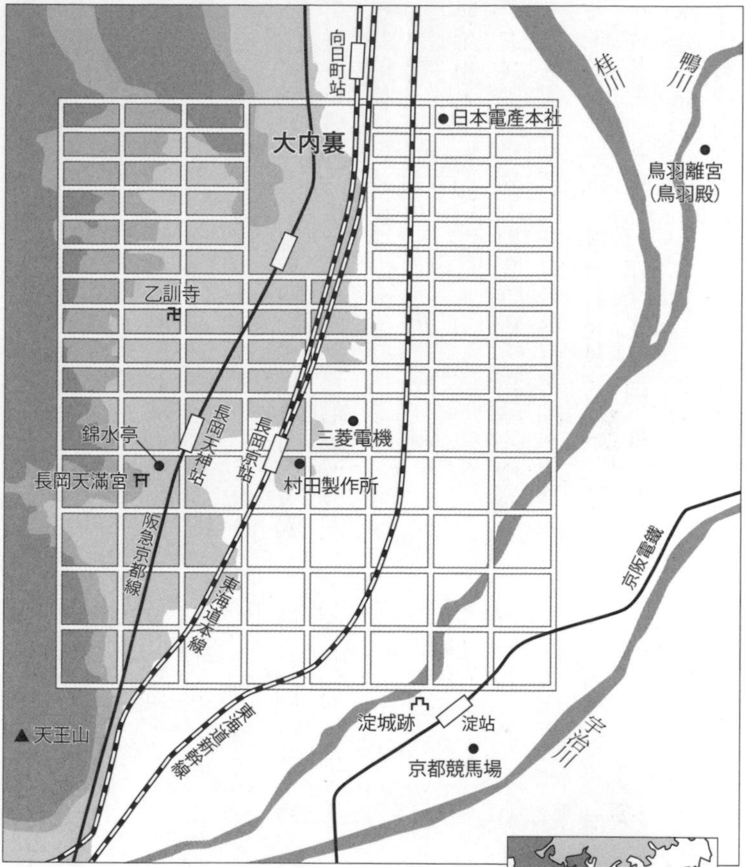

從平城京遷都的過渡時期出現混亂所做出的決定。同時也是因為長岡京的水運交通便利，不需要難波宮作為陪都。實際上，難波宮所在的攝津國屬於要地，因而設有名為攝津職的特別官職，但於793（延曆12）年遭到廢除，攝津國成為一般的令制國。

長岡京的興建工程不順，屢屢遭遇災害或放火意外，負責的藤原種繼還遭到暗殺。桓武天皇的弟弟早良親王與東大寺交情深厚，天皇認為這是他的陰謀，因此將他流放，親王因此憤恨而死。

之後，天皇的母親高野新笠和皇后相繼死去，為了回復早良親王的名譽而追號「崇道天皇」，但也許是感到厭煩，天皇又開始興建新的都城平安京，暫時回到平城京後，移到平安京。

第3章

平安京才能孕育出的王朝文化

1 桓武天皇為何遷都平安京？

在桓武天皇不得不放棄長岡京的時候，長岡京水利工程的負責人和氣清麻呂將天皇帶到京都東山的山頂，眼前是從葛野郡綿延至愛宕郡的一大片平原。

由於位於京都盆地北端，離淀川稍微有一段距離，但西有桂川，東有鴨川流貫，水運條件不差。而且中心部沒有大的河川，洪災的危險也比較少。過去有學說認為現在的堀川是過去鴨川的水道，但這種說法現在已經完全遭到否定。

◆發生國家大事就會鳴動的將軍像

風水是近世之後才開始流行的思想，因此與風水無關，但平安京三面環山，可說是「蒼龍」、「朱雀」、「白虎」、「玄武」四神相應之地。

桓武天皇大悅，於是決定重新在這裡興建新都。同時，天皇為了鎮護新都，於是打造了一座高二・五公尺的將軍像。將軍身著鎧甲、手持鐵製弓箭、腰上掛著太刀，天皇下令將此將軍像埋入直徑約二十公尺的塚裡。只要國家發生大事，將軍像就會鳴動的傳說，《源平盛衰記》和《太平記》當中也有介紹。

埋葬將軍像的地方稱為「將軍塚」，因風景優美而出名。最近，門跡寺院（譯註：由皇族擔任住持的寺院）青蓮院內新建了一座青龍殿，供奉國寶青不動圖。另外還有一個好像是大型清水舞台的瞭望台，人們可以在這裡感受桓武天皇第一次看到京都時的心境。

◆與朱雀門屋簷同樣的視野？JR二條站

平安京的設計首先是以大德寺南側的船岡山山頂為記號，劃出朱雀通，也就是現在的千本通。北端是一條通，在烏丸通的轉角，可以看到和菓子老店「虎屋」的創始店。東邊大約是現在的寺町通。畢業旅行的學生最熟悉的新京極通是寺町通的後巷，於明治時期建造。

西邊有球場的地區使用的是西京極這個地名，但現在並沒有名為西京極大路的道路。不過，穿過京都市營地下鐵東西線終點站的天神川站附近，旁邊的天神川通可以當作參考的記號。

南邊是經過東寺南側的九條通。這裡過去有一座羅城門，關於這一點，會在下一節詳加介紹。

過去大極殿的位置是在現在千本丸太町十字路口的正中央。而相當於大內裏正門的朱雀門，則是位於二條通的十字路口。JR二條站位於御池通的盡頭，雖然還要向北二百公尺，但只要站在二條站的月台，就相當於是站在朱雀門的屋簷上。

嵯峨野線（山陰本線）是從嵐山出發，朝著過去二條通的北側向西前進，在圓町站過去一點的地方右轉，與千本通並行進入二條站。經過五條通的丹波橋站後左轉，從七條和八條通之間進入京都站。在過丹波橋之前走的是高架鐵軌，是所有進入京都的鐵路當中，最可以享受沿途風景的路線。到了龜岡之後再往回坐，就可以欣賞兩邊的風景。

◆過去是小巷的烏丸通和堀河通

平安京的條坊構造大致與平城京相同，後面針對豐臣秀吉對平安京進行的改造會有詳細的說明，這裡僅介紹幾個特徵。

平安京和平城京最大的不同在於劃分的基準。在平城京，道路中心線之間等距，因此根據面向的道路寬度不同，每一個坊的面積都不盡相同。相對於此，平安京每一個坊的面積都相同，四面道路的寬度都不相同。因此，例如二條通和三條通，由於二條通比較寬，因此中心線之間的距離比三條通和四條通寬。當然，現在的二條通變得比較窄，不符合這個原則。

另外，大內裏位於一條和二條通之間，但南北的長度是二條與三條通之間的二・五倍。當中還有土御門、近衛、中御門、大炊御門四條大路，每一條都是貴族的名字。這些貴族的府邸因為在這些路上而用道路名當作自己的名字，而不是因為貴族的名字才以此為道路命名。

在秀吉時代，由於五條橋移到五條和六條通之間的五條坊門通，所以才有現在的五條通，原本的五條通被稱為松原通。

南北街道很難從名稱判斷是否為大路，但就商業區的左京來說，從東開始的大路分別是寺町、東洞院、西洞院、大宮。現在是幹線道路的烏丸通和堀川通，在過去只是小巷。

名產筆記

千本通從戰前到戰後為止的時代，有許多電影院，就好像是東京淺草一般的地方。堀川通和千本通之間的三條通是一條長長的拱廊，非常出名。物價比觀光地區便宜，可以享受京都庶民的滋味。

●平安京和大路的名稱

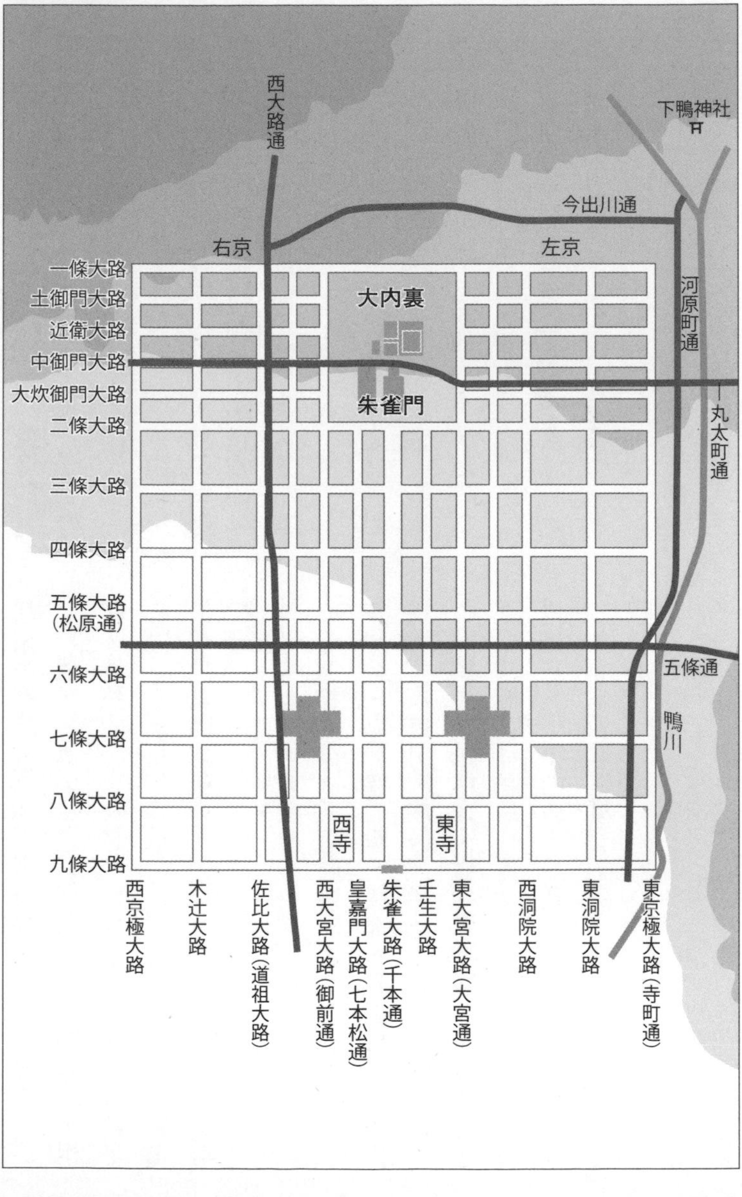
西大路通
下鴨神社
今出川通
右京
左京
一條大路
土御門大路
近衛大路
中御門大路
大炊御門大路
二條大路
三條大路
四條大路
五條大路（松原通）
六條大路
七條大路
八條大路
九條大路
大內裏
朱雀門
河原町通
丸太町通
五條通
鴨川
西寺
東寺
西京極大路
木辻大路
佐比大路（道祖大路）
西大宮大路（御前通）
皇嘉門大路（七本松通）
朱雀大路（千本通）
壬生大路
東大宮大路（大宮通）
西洞院大路
東洞院大路
東京極大路（寺町通）

2 嵯峨天皇和空海深受中國的影響

名勝嵐山的渡月橋東側一帶被稱為嵯峨野，有關名稱的由來眾說紛紜。中國長安郊外的「巀嶭山」也寫作「嵯峨山」，據說風景與這裡非常相似。

說到嵯峨野的風景，很多人認為日本風味濃厚，但如果以適合水墨畫的角度來看，反而更具有中國風味。

◆憑藉美貌登上皇后寶座的橘嘉智子

桓武天皇的皇子、於兄長平成天皇之後即位的嵯峨天皇深愛嵯峨野，在這裡度過晚年，嵯峨甚至成為了他的謚號。嵯峨天皇生性略為保守，和讓位後密謀將首都遷回奈良的兄長比起來，屬於肯革新且具有政治手腕的大王。

精力旺盛的這一點也與父親桓武天皇相同，竟然與二十四名女性生下了二十三名皇子和二十七名皇女。子女過多造成經濟上的負擔，於是將男子十七人降為臣籍，也就是嵯峨源氏。

另外，嵯峨天皇一心想要排除平城天皇和弟弟淳和天皇一系的血統，讓自己的子孫繼承皇位，但關於這一點，反而是皇后橘嘉智子毒辣的手段更引人注目。

嘉智子是孝謙天皇時發動叛變、最後死在獄中的橘奈良麻呂的孫女。父親清友的官職不過是正五位上內舍人（負責天皇護衛等），但他的樣貌英俊，女兒嘉智子也憑藉著美貌當上皇后。

嵯峨天皇之後由弟弟淳和天皇繼位，皇太子是嘉智子所生的仁明天皇。而仁明天皇的皇太子則是由淳和天皇和嘉智子的女兒正子內親王所生的恒貞親王，但之後，嘉智子為了讓仁明天皇之子的文德天皇繼承皇位，因而廢掉了恒貞親王。史書記錄，面對母親的蠻橫，正子皇后憤怒哭泣悲傷。

●皇室和橘氏的略系圖

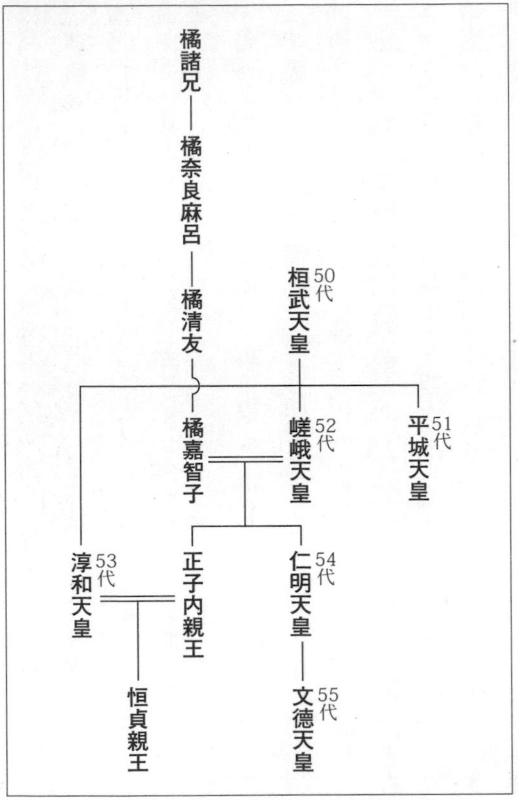

◆為什麼會把東寺賜給空海？

嵯峨野的大覺寺原本是嵯峨天皇讓位後所居住的離宮。之後，遭到廢位的恒貞親王在此出家，才成為寺院。大覺寺身為門跡寺院的地位崇高，由於在南北朝對立的時候是龜山法皇的御所，因此被南朝稱為大覺寺統，與北朝的持明院統對立。

現在的伽藍宸殿是東福門院（後水尾天皇中宮、德川秀忠之女）的舊殿，御影堂是大正天皇即位時於二條城興建的響應殿，後來搬到這裡。

嵯峨天皇、空海、橘逸勢並稱「三筆（譯註：日本書道中最優秀的三名書法家）」。嵯峨天皇因為很快平定平城上皇親信藤原藥子的叛亂，進而削弱了上皇的勢力，之後成為了與奈良時代天皇有根本上不同的獨裁者，換句話說，就好像是中國皇帝一般的權力者。

嵯峨天皇在書法和詩文方面的造詣很深，對於中國文化懷有憧憬，很自然地重用了從中國唐朝帶回最新文化的空海。816（弘仁7）年，嵯峨天皇將高野山賜給空海，接著又在823（弘仁14）年將東寺（教王護國寺）賜給空海。在此前年最澄和尚死去，就好像是代替奠儀一般，嵯峨天皇允許在比叡山設立戒壇，將東寺賜給空海，可說是取得一種平衡。

◆弱不禁風的羅城門

由於平城京的寺院過多，作為反省，平安京僅認可夾著朱雀大路的羅城門兩邊建立的東寺和西寺。

羅城門是一座高七間（約十二．七公尺）的樓門。就像一塊直立的薄板一樣，非常不耐風吹。被風吹倒之後重建，但於980（天元3）年7月9日被暴風雨吹倒之後，就沒有再修復。芥川龍之介的小說和黑澤明導演的電影雖寫作「羅生門」，但其實應該是「羅城門」。

現在的東寺沒有留下創建當時的建築物，但講堂裡放著在空海的指導之下完成的二十一座國寶雕刻，具體呈現密教文化。

近年，印度的莫迪首相造訪此地的模樣，印度各大媒體都有報導，看到這則新聞的印度人都紛紛表示感受到了與印度教相近的宗教文化。

◆符合平安貴族需求的密教

奈良時代的佛教，其主要目的在於消除飢

●平安京朱雀大路周邊地圖

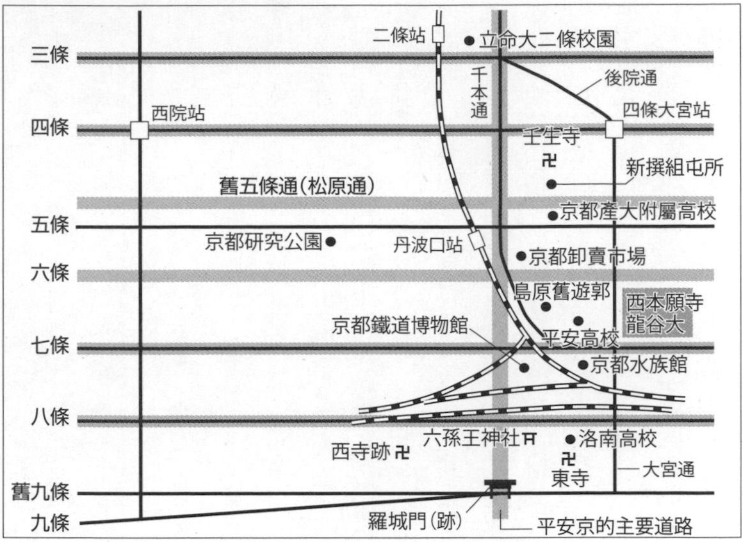

餓、疾病，以及戰亂，維護國家安定。也因此，在回應個人煩惱等細節部分略顯不足。相對於此，真言宗等密教的提倡的是藉由加持祈禱來改變現實。

尤其是護摩（譯註：火供。焚燒供品祭祀）的儀式非常神秘且具有魅力，可以處理個別的煩惱，也可以降雨、治療疾病等，非常符合平安貴族的需求。而且，根據本地垂跡說，日本自古以來的神明都是佛祖的化身，將大日如來和日吉權現和天照大神等視作相同的神明。

在印度，婆羅門教受到佛教的影響，改頭換面成為印度教，跳脫佛教。但在日本，可說是將神道納入在內的平安佛教的勝利。

3 為古代拉上帷幕的京都怨靈

京都共有二十五間祭祀怨靈的神社。早良親王、伊予親王、藤原吉子、橘逸勢、文室宮田麻呂、吉備真備、藤原廣嗣、菅原道真是京都受人敬畏的怨靈代表。位於同志社大學北側、點燃應仁之亂戰火的上御靈神社，同時供奉這八位怨靈。

當中，最早的是早良親王。他是桓武天皇的弟弟，因為計畫暗殺負責興建長岡京的藤原種繼而被流放淡路，於途中憤恨而死。桓武天皇因為害怕他的亡靈報復，而放棄長岡京，遷移到平安京。

最後是天神菅原道真。他是宇多天皇的親信，獲得天皇完全的信任，但在宇多天皇之子醍醐天皇的時候遭到冷落而被降職大宰府，在那裡死去。之後，驅逐他的人都被雷打死，因為害怕他的亡靈作祟，於是追贈他為正一位太政大臣，同時成為了神明。這個菅原道真作為政治家，是古代和中世交界的代表人物。

◆努力革新統治制度的菅原道真

九世紀中至十世紀初，過去的律令制已經慢慢開始不符合時宜。

所謂的律令制有三大基礎，分別是①地方由國家任命的國司或郡司依據法律統治；②徵兵制召集的軍隊用來維持治安和國防；③土地國有，借給自作農，收取稅金。另外，雖然不完全如此，但主要是由有能力的官僚統治。

在這個理論下建立的制度適合成長期。雖然成本高，但在普及新的文化和提高技術效率方面非常方便，面對外敵也可以有效應變。

●北野天滿宮周邊地圖

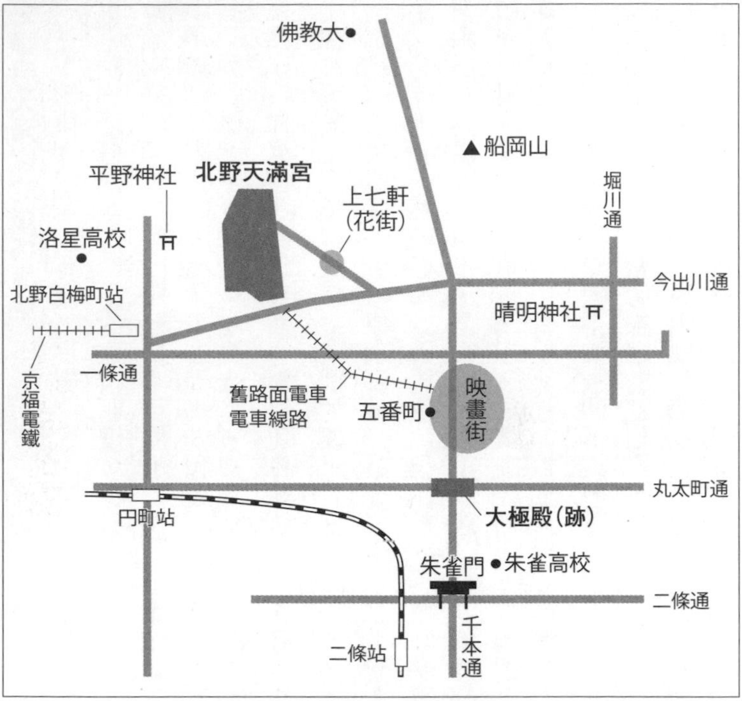

然而，大陸文明也吸收地差不多，而且唐朝進入了衰退期，沒有什麼新的東西，這個制度於是逐漸無法發揮符合成本的效益。

在這樣的情況之下，由菅原道真主導進行的「延喜之治」是根據現實情況微幅調整制度，避免統治制度的崩壞。例如，向人收稅的方式容易發生逃漏稅，因此改為向土地課稅。另外，將維持治安和國防的工作交給每個地方的領主，以及將統治全權交給被稱為「受領」的地方長官，只需要向國家繳交定額的上納金。菅原道真和紀貫之分別以讚岐守和土佐守的身分，成功蓄財。

◆太宰府天滿宮的飛梅傳說

日本的律令制並沒有徹底實施科舉（官僚任用考試）這個以實力為主的選拔制度，但只要政績獲得認可，無論門閥，都有可能上位。當中，最具代表性的人物就是吉備真備和坂上田村麻呂等人。

然而，由於是和平的年代，皇室和攝關家的子孫長大後，高位官職都被他們佔據，實務官員的地位愈來愈往下。菅原道真就是最後一顆星。菅原道真雖然被任命為遣唐使，但由於唐朝內部時局混亂而中止，之後也沒有再派過遣唐使，可說是和菅原道真一起，象徵了古代的結束。

下京區西洞院通以菅大臣神社的形式留下的是菅原道真的宅邸，當時被稱為紅梅殿、白梅殿。菅原道真歌詠的「東風喚起梅花香，莫因無主而忘春」，就是這裡的梅花。同時，太宰府天滿宮流傳著梅花因為仰慕菅原道真而飛舞的飛梅傳說。

◆昭和天皇退位後原定居住的仁和寺

菅原道真死於大宰府後，宮中相繼發生貴人被雷劈死的意外，菅原道真亡靈作祟的流言四起。於是，朝廷恢復菅原道真的官位，並於947（天慶10／天曆元年），在現在地興建了北野天滿宮的社殿。

另外，藤原師輔（貶斥菅原道真的藤原時平的外甥。父親藤原中平與宇多上皇和菅原道真親近，據說與菅原氏是姻親）捐贈自己府邸的建築物，並加以整修。

現在的社殿由豐臣秀賴捐贈，屬於華麗的權現造式建築。這個捐贈獲得京都市民的好評，甚至流傳「豐臣家從此獲得神明庇佑」。這個說法觸怒了德川家康，也成為了豐臣家滅亡的原因。天滿宮的梅園十分美觀，裡面留有豐臣秀吉建造、圍繞京都的土壘——御土居。

另外，天滿宮的東側還有一條過去京都有名的花柳街——上七軒。現在這裡有許多非熟客也可以進入的料理店、咖啡廳，以及和菓子店等，值得推薦。

重用菅原道真的宇多天皇在擔任法皇時居住的御所是位於御室的仁和寺。寬永年間在改建御所的時候，不再需要江戶初期的建造的紫宸殿、清涼殿、常御殿等，於是賜給了仁和寺，舊紫宸殿成為了金堂。

正由於仁和寺和皇室的淵源深厚，戰後，近衛文麿甚至還來勘查，考慮將這裡當作昭和天皇退位後的居所。另外，仁和寺附近有一個陽明文庫，專門收藏近衛家的寶物，藤原道長的《御堂關白日記》就收藏在這裡。

●歷代天皇略系圖
（54代～60代）

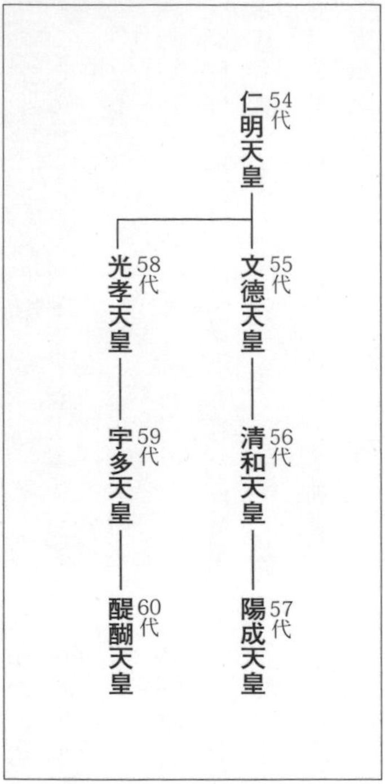

4 延曆寺的僧兵和「三井晚鐘」

天台宗是一個很不可思議的宗派。始祖最澄（傳教大師）主張大乘佛教經典法華經的優越性，比起修行個人自身的成佛（達到佛的境界），更追求「萬人成佛」。

同時，最澄還提倡期待死後幸福的淨土思想、藉由冥想接近真理的禪學，以及密教，導入了在唐朝流行的各種佛教思想。之後又將比叡山延曆寺當作是大學一般的地方，維持相對開放的學風，孕育出了鎌倉佛教的各位始祖。

德川家原本屬於淨土宗，取得天下之後皈依天台宗，在日光東照宮興建天台宗的輪王寺，屬於日光東照宮的神宮寺（附屬於神社的寺院）。同時，將軍和其家族的廟所平均分配在天台宗的上野寬永寺（台東區）和淨土宗的增上寺（港區）。

另外，現在可以自由設立宗教法人，因此有許多有名的寺院獨立後創立新的宗派，淺草寺、善光寺、四天王寺、中尊寺等原本都是天台宗的寺院。華道（花道）池坊的宗家也是天台宗的僧侶。

◆困擾歷代天皇的天台宗主導權之爭

天台宗在中世紀的權威鼎盛，延曆寺、園城寺（三井寺）、東大寺、興福寺並列四大寺。說到「山」，指的是比叡山，說到「寺」，指的則是園城寺。

延曆寺和園城寺之爭在中世紀可說是歷代天皇煩惱的根源。到底為何而爭，說穿了就是專屬權的鬥爭。天台宗原本分為山門派和寺門派，最澄→圓仁的派別和最澄留學時作為翻譯

●比叡山周邊地圖

一同前往的義真↓圓珍派別，兩者針對教義和經營宗派的主導權互不相讓，圓珍派拿下比叡山，以園城寺為根據地。

966（康保3）年，良源（元三大師）在比叡山就任第13代天台座主。也就是《源氏物語》中出現的「橫川的僧都」。良源在教學方面出色，也為淨土信仰開啟一條道路，政治手腕也很高明。於橫川興建楞嚴三昧院，完成了有三塔（東塔、西塔、橫川）的延曆寺。他又收藤原師輔（藤原道長的祖父）和醍醐天皇皇女雅子內親王所生的尋禪為弟子，讓他成為天台座主。

就這樣，寺院獲得許多莊園的捐贈，皇族和公卿子弟成為其門跡（僧侶），他們雖然不能結婚，但除此之外過著奢華的生活。在歐洲，有許多如美第奇家族一般的貴族子弟都成為了樞機，兩者之間有異曲同工之妙，非常有趣。

◆支撐中世紀日本經濟的綜合企業

同時，延曆寺用獲得的收入養了許多被稱為大眾或神人的半僧侶。他們雖然在寺院工作，但不僅結婚有家庭，有些人還經營金融業、成為武裝僧兵，又或是放高利貸。為日吉大社扛神轎的時候，以此為藉口橫行無阻，不小心用箭射到他們的人還因此被判流放。律令制崩壞，正規軍和警察形同虛設，因此，在京都周邊，最強的武裝集團就屬延曆寺和興福寺的僧兵。這樣聽起來好像沒有一件好事，但換個角度來想，他們可說是支撐中世紀日本經濟的綜合企業。

1571（元龜2）年征討織田信長的時候，延曆寺遭到燒毀，之後，豐臣秀吉允許重建。到了江戶時代，擔任川越喜多院住持的天海僧正是德川家康的顧問，延曆寺也因此找回了生氣。天海是年輕時曾在比叡山修行的天台宗僧侶。守護不滅法燈的根本中堂是德川家光的捐贈，規模大且莊嚴肅穆。

◆織田信長經常投宿的地方——園城寺光淨院

最澄於日本全國六處興建寶塔，祈求保衛

國土和國民。當中，屬於中心寶塔的比叡山東塔在征討織田信長的時候燒毀，之後並沒有再重建。然而，1980（昭和55）年，在佐川宅急便的佐川清氏的捐贈下重建。與多寶塔類似，上層非圓形而是方形，高達三十公尺，非常壯觀。

如果從京都前往比叡山，可以從修學院離宮旁的雲母坂往上走，在八瀨搭乘纜車，或是從湖西的坂本搭乘纜車，則可以抵達正門口。坂本有許多寺院，最值得一看的是日吉大社。東西的本殿是國寶，石造的橋被指定為重要文化財，是全國數一數二的賞楓勝地。

從大津車站徒步就可以來到園城寺，如果是從坂本出發的話，可以搭乘京阪石山坂本線。金堂壯觀且優雅，可說是金堂建築的模範，由豐臣秀吉的妻子北政所（高台院）捐贈。淺草寺的金堂據說就是以此為範本設計。

光淨院客殿和勸學院客殿是日本住宅建築中的翹楚。尤其光淨院是織田信長經常投宿的地方。現在的建築物雖然是豐臣秀吉時代的作品，但還是可以充分感受戰國武將的生活空間，用這個角度來看，讓人有不同的感慨。

另外還有近江八景之一的「三井晚鐘」，園城寺的鐘聲自古以來就被評為是京都周邊最美的聲音。建議可以在這裡聆聽除夕鐘響。

名產筆記

如果想要享受美食，推薦坂本的鶴喜蕎麥麵，建築物本身也很美觀。另外，來到三井寺，灑上綠豆粉的「卞慶力餅」也是自古以來的名產。

5 《源氏物語》六條院復原計畫

日本文化當中，在國外最具人氣的當屬「武士」和「動漫」。「侘寂」在世界上也很有人氣，但這是戰國時代之後的上級武士文化，屬於武士文化的一環。

以歷史來說，京都的宮廷文化才是日本文化的主幹。日本的自然景觀從亞熱帶的沖繩到亞寒帶的北海道，可說是非常多采多姿。就算如此，日本人之所以能夠共享雪月花、花鳥飛月這些傳統對四季移轉的印象，那是因為屬於盆地的京都，其春夏秋冬就好像是造景一般美麗，而宮廷所在的平安京更清楚呈現了這種美。另外，透過《古今集》和《源氏物語》等古典文學，也讓日本人能夠共同感受這樣的「季節感」。

京都的夏天非常炎熱，如同兼好法師所說：「建屋首重夏天」（《徒然草》），比起禦寒，日本的住家更重視避暑。日本人自古以來都是哼著《古今和歌集》秋卷「雖云秋已至，舉目所見未明瞭，豎耳頃聽者，聽聞朝夕風音速，自覺秋日足已臨」（藤原敏行），在殘暑逼人的立秋日，聽著風鈴的聲音，尋找秋天的氣息。

這些都是從遣唐使中斷後的菅原道真時代開始，快速形成的國風文化（譯註：重視日本獨有的風土民情所形成的文化）。

◆《源氏物語》中光源氏居住的六條院

從很久以前開始，就有計畫復原《源氏物語》光源氏所居住的六條院。這是出現在小說裡的宅邸，用「復原」二字似乎有些奇怪，但

●「六條院」周邊地圖

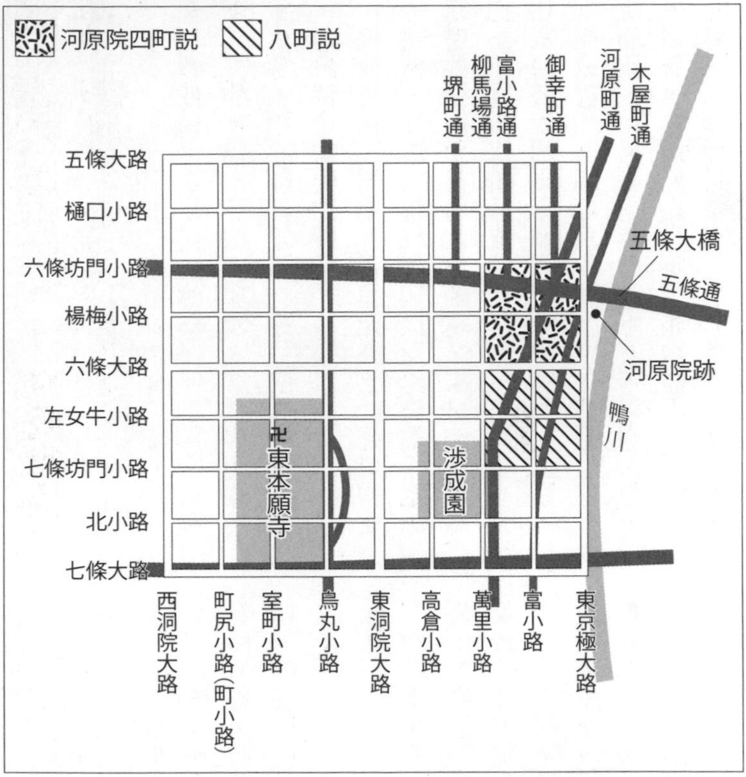

這有特殊的原因。

現存最古老的日本住宅建築是室町時代書院造樣式的銀閣寺東求堂。可以看到少許桃山時代寢殿造樣式影子的園城寺光淨院和勸學院客殿（大津市）是第二古老的建築。沒有留下單純寢殿造樣式的古建築。

說到復元平安時代的建築，看到的是十八世紀末的寬政時代，根據古法重建的京都御所。之後又發生火災，安政年間重建成現在看到的樣子。然而，根據現在的研究水準，很難說這就是純粹平安時代的樣式。縮小重現平安京大極殿而成的平安神宮也相同。

◆為什麼要復原虛構的六條院？

另外，不僅限於京都市內中心部的住宅，完全沒有任何平安時代的建築保留下來。只有留下郊外的宇治平等院、宇治上神社、醍醐寺五重塔等，中心部則是以在應仁之亂中燒毀殘留、鎌倉時代的千本釋迦堂為最古老。

院政時代，開始計畫復元聳立於岡崎的法勝寺八角九重塔、羅城門，以及六條院。至於為什麼要復原虛構的六條院呢？那是因為雖然挖掘出了藤原道長的東三條院等，但關於其外觀和室內裝潢卻完全沒有一點頭緒。

相較於此，《源氏物語》中具體記述了六條院的樣貌，另外還有繪於平安末期的〈源氏物語繪卷〉作為補充材料，非常好用。西本願寺門前的「風俗博物館」是六條院春町寢殿和東對（譯註：寢殿東邊被稱為對屋的附屬建築物）的四分之一模型（池浩三監製），另外有六條院整體百分之一的模型，收藏在宇治市源氏物語博物館裡。

六條院被認為是以嵯峨天皇皇子源融的河源院為範本。六條院在六條京極附近占地四區，西南方包括六條御息所的府邸。也就是說，平安京的街道大約一百四十公尺四方的區塊為一町，六條院占地二百五十公尺四方，總面積六萬三千五百平方公尺，相當於現在烏丸通、四條通、高倉通、蛸藥師通圍繞的區塊。光源氏將占地分為四町，比擬春夏秋冬，興建可以享受四季變化的建築物和庭園。

◆最少遊客造訪的世界遺產

光源氏讓適合不同季節的女性住在不同的府邸。風俗博物館中重現的是六條院東南方的春町，紫上就是住在這裡的東對。春町由寢殿、東對、西對、北對組成。正室女三宮住在相當於正屋的寢殿西面。如果要復原的話，應該就會是這個春町。

●宇治地圖

如果想要置身現存的平安時代空間，那麼推薦前往宇治。日幣十元硬幣的後面是大家熟知的平等院鳳凰堂，這是改造藤原道長之子藤原賴通的別墅而成的建築物，雖然原本的稻草屋頂改成了磚瓦屋頂，但基本上都保持當時的樣子。近年經過改建，華麗的樣貌讓人耳目一新，如果只看過以前的樣貌，建議可以再度造訪。

比這裡更值得一訪的是位於宇治川對岸的宇治上神社。這裡恐怕是遊客最少的世界遺產，在這裡可以充分感受光源氏生活的氛圍。

名產筆記

說到宇治就會想到茶。但對於旅人來說，抹茶甜點更令人期待。茶丸子從以前開始就是這裡的名產，最近有許多有名的茶舖開起咖啡廳。

6 白河法皇和岡崎法勝寺的九重塔

攝關制（譯註：平安時代，藤原氏以攝政或關白的職位獨攬朝政。類似於中國的外戚干政）和院政制（譯註：天皇讓位成為上皇，代替天皇執掌朝政），兩個看似對立的制度，實際上卻有異曲同工之妙。兩者皆是由母親或祖父母操控著年幼的天皇，掌握政治實權，貪圖專權，在這一點上非常相似。

◆院政制為什麼會打敗攝關制？

如前所述，古代的日本並沒有天皇生前讓位的習慣。這也許是受到大陸制度的影響，直到大化革新的時候皇極天皇讓位，天皇生前讓位才逐漸普遍。

然而，有一段時間依舊維持不到三十歲不能成為天皇的不成文規定，但十五歲即位的文武天皇打破了這個傳統。進入平安時代之後，嵯峨天皇和橘嘉智子皇后一心將皇位讓自己的血脈獨佔，使得之後不斷出現天皇提早讓位的情況，終於出現九歲便即位的清和天皇。

就像這樣，年幼的天皇沒有實權，發言權都掌握在母后或祖父母的手裡。經常有人強調外祖父的勢力，但皇位繼承時最重要的是母后的力量，外祖父經常是透過母后發揮影響力。

另外，藤原攝關家之所以可以維持繁榮，也是因為他們將優秀有教養的女兒送進後宮，另外還有清少納言和紫式部等優秀的女性秘書在背後支持。

然而，權力達到頂峰的御堂關白藤原道長，他的嫡子藤原賴通的孩子少，經過多次嘗試也沒能將女兒送入後宮。為此，母親為三

●歷代天皇略系圖（60代～74代）

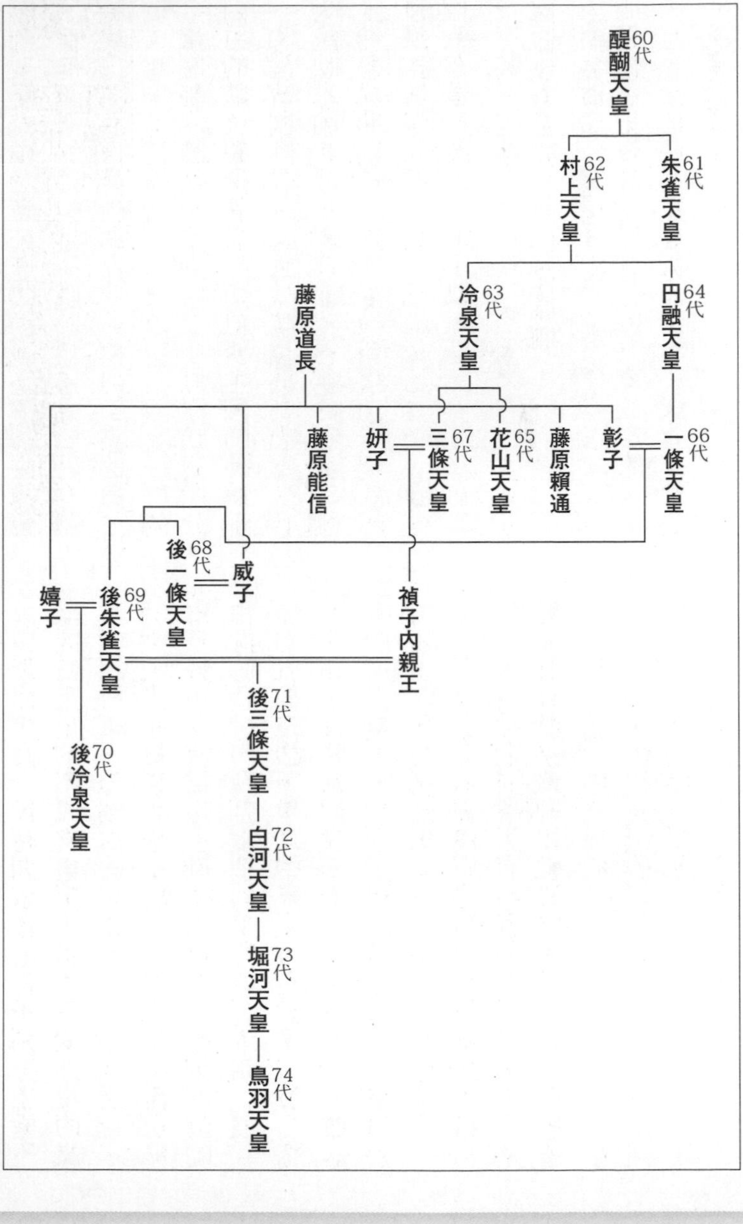

條天皇皇女的後三條天皇即位，皇子為白河天皇。白河天皇的母親是與藤原賴通處於對立關係的異母弟藤原能信的女兒。白河天皇的皇子鳥羽天皇，他的母親則是藤原道長叔父一門的閑院流藤原氏之女。

白河天皇後來讓位給年僅八歲的堀河天皇，以父親的身分取代攝關，掌握朝政。同時，與沒有私人財產的天皇不同，上皇們可以擁有多個莊園。而且，天皇有許多官方行程，而上皇則有很多時間。

就這樣，院政制打敗了攝關制。到了鎌倉時代，甚至還將上皇稱為「治天之君」。

◆白河天皇和法勝寺八角九重塔

白河天皇是將鴨川之水、雙六之賽（骰子）、山法師（比叡山僧兵）列舉為「天下三不如意」的天皇。他深愛中宮藤原賢子，當她病重的時候也不允許她遷出御所，抱著她的遺骸痛哭，也不顧天皇不得接觸不潔之物的諫言，說道：「先例由此開始」。

大河連續劇〈平清盛〉是將白河院比做怪物，講述白河院（白河上皇）的曾孫後白河院和據傳是白河院私生子的平清盛，兩個「繼承怪物血統」的同類互相爭權。

藤原家將位於賞櫻勝地岡崎的白河殿獻給了白河天皇，天皇在這裡創建法勝寺，興建八角九重塔。塔高八十一公尺，據說位於現在京都市動物園境內，關於屋頂，有檜木皮屋頂和磚瓦屋頂的兩種說法。如果是輕的檜木皮屋頂，則屋簷較大，外觀輕巧華麗，但如果是磚瓦屋頂的話，則呈現的是中國式的厚實感，根據不同的說法復原出的塔，會是完全不同的面貌。

●岡崎周邊地圖

●六勝寺遺跡（推測）周邊地圖

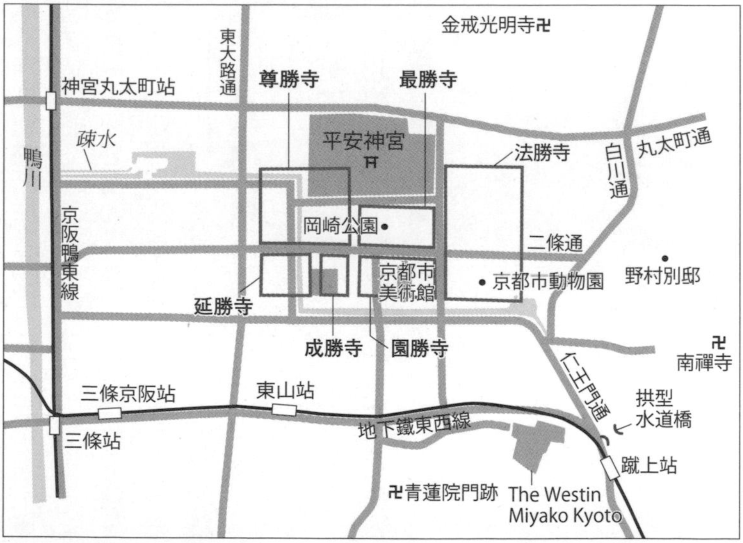

◆從京都國立近代美術館看出去的美景

這附近的蹴上是東海道進入京都後一望無際的廣闊土地。當時的東海道並不在現在京都威斯汀都酒店前，而是經過酒店的後面。因此從酒店陽台望出去的角度，正好可以看到旅人第一次進入京都的樣子。這裡原本有一個名為「塔壇」的土壇，戰後遭到進駐日本的美軍破壞，花崗岩的礎石，現在被用來當作池裡的石橋使用。

白河天皇讓位後在這裡興建御所，就好像是遷都一般，這裡成為了院政的舞台。另外，這附近還有堀河天皇的尊勝寺、鳥羽天皇的最盛寺、鳥羽天皇的中宮待賢門院璋子的圓勝寺、近衛天皇的延勝寺，總稱「六勝寺」。

現在，除了平安神宮之外還有市立美術館、動物園、羅姆劇場、府立圖書館、細見美術館（由設計新國立競技場的隈研吾設計）等。特別推薦的是從京都國立近代美術館上層望出去的景色。南禪寺、平安神宮、大文字山、吳鄰菴（山縣有朋的別墅），以及法勝寺遺跡附近的美景都可以盡收眼底。

白河法皇另外還有一座位於洛南鳥羽的離宮，之後會另做介紹。

名產筆記

比起和菓子，岡崎周邊有許多西式咖啡廳和披薩店，值得推薦。

7 平清盛和神戶福原京

一般說到關東武士的代表都會想到清和源氏，但事實上在此之前還有桓武平氏。

桓武天皇和妃子多治比真宗之間生下了名為葛原親王的皇子。多治比氏是繼體天皇之子宣化天皇的男系子孫。葛原親王之子高棟王和高望王降為臣籍，是桓武平氏。高棟王的子孫成為公家（譯註：在朝廷任官的貴族），而高望王則成為上總介（譯註：關東地區上總國的官職）前往關東，子孫在關東扎根。長子平國香與侄子平將門之間的鬥爭稱為「平將門之亂」。平將門雖然無心，但由於遭到討伐，只好自稱「新皇」，以下總國的岩井（現在的茨城縣板東市）為根據地。

◆繼承祖父武名和父親財富的平清盛

國香之子貞盛，其子惟將的子孫當中出了北條氏，同為貞盛之子的惟衡在藤原道長時代，於伊勢津市郊外有一定的勢力，被認為是伊勢平氏之祖。另外，白河院政時期，平清盛的祖父平正盛作為武人的名氣高，其子平忠盛則因在討伐西海海賊和經營日宋貿易上有顯著的成績而累積了許多財富，人脈也很廣，受到上皇和攝關家的賞識。尤其他會將船來書籍、美術品、藥、香木、鸚鵡、孔雀、羊，以及象牙等當作禮品贈送，非常受到歡迎。

平清盛於保元平治之亂中獲勝，擊敗了對手源氏，成為了武士之首。機靈的平清盛獲得互相對立的二條天皇和後白河院雙方的信任，因而當上了太政大臣。不僅如此，又把女兒建禮門院嫁給了高倉天皇，成為安德天皇的外祖父。

◆遭到有力寺社反彈而失敗的平清盛

平清盛的正室平時子（高棟王一門的平氏）是二條天皇的乳母，他的妹妹建春門院是後白河院的寵妃。根據紀錄，建春門院把自己的居室裝飾地美輪美奐，仕女們也經過訓練，就好像是一間高級的沙龍一般。

另外，平清盛為後白河院蓋了三十三間堂，獲得讚賞。然而，建春門院死後，後白河院逐漸疏遠平清盛，開始收回他的特權，分給其他親信。為此，平清盛將根據地移到福原（神戶）後舉兵上京，從後白河院手中奪權。這就是「治承3年政變（1179年）」。

對此，後白河院的三子以仁王和多田（攝津）源氏的源賴政於1180年從園城寺舉兵，對諸國的源氏和大寺社下達「平家追討令旨」。叛亂很快遭到鎮壓，但平清盛趁機強行遷都福原，卻因此種下失敗的種子。

這是因為此舉讓至今為止與平家維持良好關係的比叡山延曆寺成為了自己的敵人。守護都城東北的鬼門是比叡山存在的意義，因此比叡山反對遷都也是無可厚非的事。另外，平清盛重視安藝宮島嚴島神社的行為也惹怒了其他有力神社。此外，平清盛的第五子平重衡誤燒東大寺和興福寺也是失敗之舉。

東國方面源氏舉兵，木曾義仲趕在源賴朝之前舉兵上京。平家雖然帶著安德天皇逃到西國，但這時卻讓後白河院逃到了比叡山，這成為了平家的致命傷。

◆唯一活下的建禮門院和後白河法皇

平清盛的本邸位於西八條。梅小路公園裡立有石碑，若一神社的樟木據說和平清盛也有很深的淵源。另外，他的權力中心位於祇園南側的六波羅蜜寺附近。寺內的寶物館裡收藏有

●桓武平氏略系圖

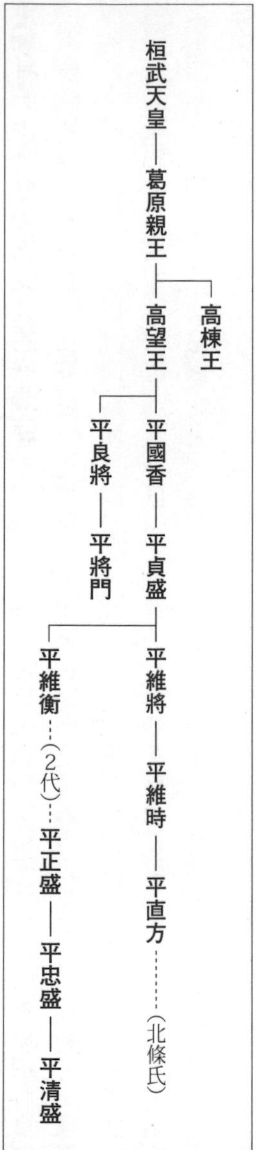

●皇室與平氏的略系圖

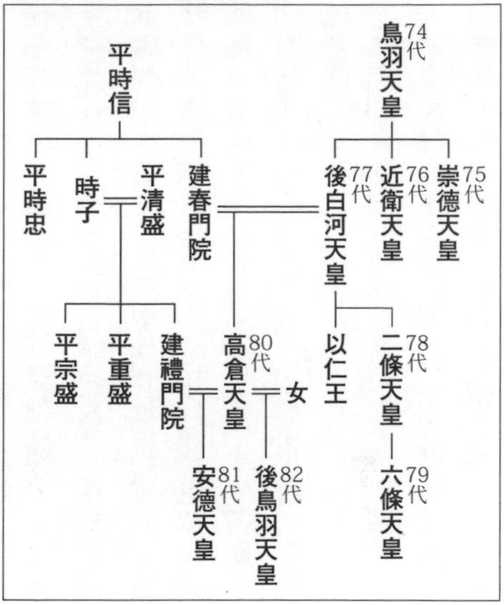

平清盛和空也上人的雕像。另外，在鎌倉時代，作為幕府地方機構的六波羅採題就是設在這裡。

平家滅亡之後，唯一存活下來的建禮門院隱居於大原的寂光院。《平家物語》終章〈灌頂卷〉的〈大原御行〉中，出現了後白河法皇造訪寂光院的場景。

「泉水和林木古香古色，屋瓦破處霧迷離，香菸不斷，戶樞落處月色明，燈火常存。庭院中嫩草離離，綠柳如煙。池塘上浮萍飄逐，疑是綠錦鋪地。小島上藤攀松枝，花開奼紫；那遲開的櫻花與綠葉交相輝映，比初綻之花更為艷麗。岸上棣棠盛開，雲顛高處傳來杜鵑鳴聲，這一切都似在迎候君王駕臨」。（譯註：譯文引用《平家物語》（中文繁體版），無名氏著）

◆在「南京町」感受平氏的榮枯盛衰

與平家淵源深厚的都城是福原。東海道本線終點站的ＪＲ神戶車站，南邊的兵庫地區是平清盛作為大輪田的港口（大輪田泊）所修建的地方。神戶車站西北的舊湊山小學遺跡是平清盛住過的雪之御所遺跡，據說北邊有福原京的內裏。

過去的大輪田泊位於神戶市營地下鐵海岸線「中央市場前車站」附近，這裡也立有石碑。因源義經騎馬越過鵯越的斷崖絕壁而出名的一之谷之戰（１１８４年），是以現在ＪＲ須磨車站周邊為戰場，須磨寺中立有《平家物語》中的敦盛和熊谷直實相遇場面的銅像。

神戶的中華街被稱為「南京町」。建議不妨一邊散步，一邊緬懷與宋朝進行貿易而致富的平氏。

●與平清盛淵源深厚的地區

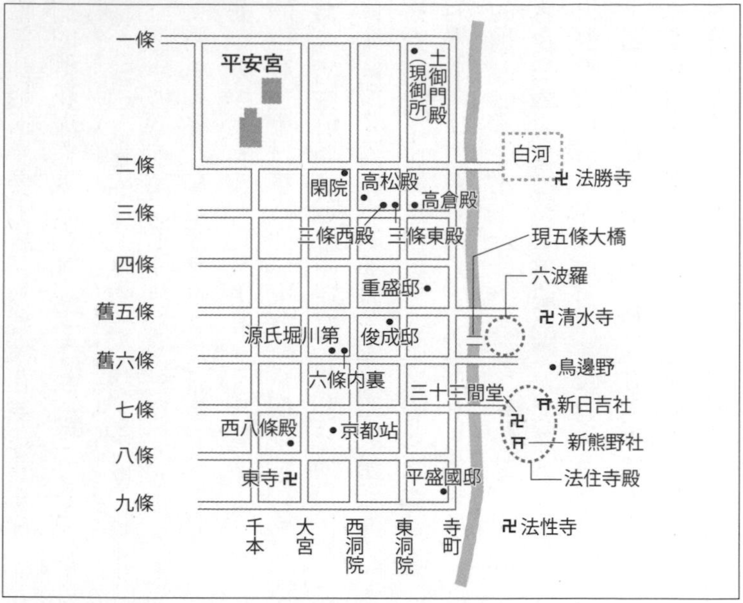

●福原京周邊地圖

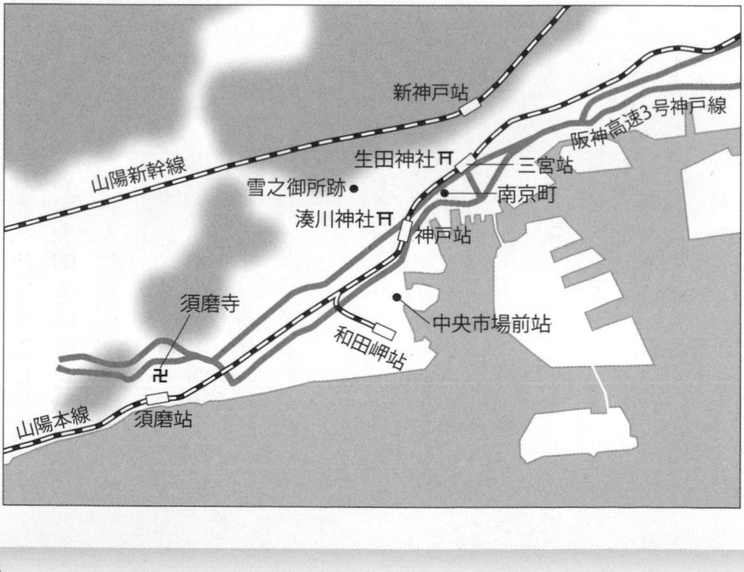

8 多賀城和貞觀大地震

古代日本的中心是畿內，擔任副首都角色的是以大宰府為中心的北九州，關東尚未有明確的中心。東日本方面，東北有一個地位比國府再高一階的多賀城。對於當時的朝廷而言，與尚未歸屬朝廷的「蝦夷」之間的戰鬥是一件很重要的事，由於地理位置遙遠，因此交給當地的權限比其他國府大。

◆古代日本人模糊的國境意識

對於古代的日本人而言，並沒有「到哪裡為止是日本」的明確國境意識。如果要說有，反而是朝鮮半島的勢力範圍到哪裡為止，這樣的意識。日本列島並沒有明確的界線，劃分朝廷統治的地區和其外圍地區，屬於自然淡出的模糊概念。基本上，律令制是管理農業地帶，從中收取稅金、募集兵士的制度，因此在狩獵採集地區並不能發揮作用。

然而，大化革新時候開始，現在的宮城縣附近也進入朝廷的管轄範圍，從常陸國（茨城縣）分出陸奧國。國府一開始位於仙台市太白區的郡山遺跡（長町車站附近），724（養老8／神龜元）年移到多賀城，很長一段時間都是東北的中心地。多賀城的遺跡保留完整，被指定為國家的特別史蹟。

◆松尾芭蕉也曾見過的東北歷史石碑

陸奧守一開始兼任權限更大的按察使和屬於軍事司令官的鎮守府將軍，在坂上田村麻呂推進到岩手縣方面的808（大同3）年，鎮守府獨立，移到膽澤城（岩手縣奧州市）。

●多賀城遺跡周邊地圖

多賀城同時也是軍事要塞，政廳設在最高海拔三十三公尺的丘陵上，雖然採取條防制，但相當於朱雀大路的大路寬二十三公尺，標高差約二十公尺。另外，縱橫的道路並非直角交會，坊的形狀也是不規則形。規模約是每邊不到一公尺的不等邊四方形，面積約七十四公頃。多賀城的大小約比京都御苑小一圈。

江戶時代初期挖掘出了刻於760年代的多賀城碑，上面記載了築城和修復的經過，是可信度非常高的紀錄，連松尾芭蕉也曾經見過。

◆被遺忘的貞觀地震

然而，這個多賀城在869（貞觀11）年的貞觀地震中遭遇很大的災害。正史《日本三代實錄》中有詳細的紀載。地震的類型與東日本大地震相同，規模也只比東日本大地震稍微小一點而已。

但令人意外的是，沒有注意到這個大地震紀錄的不僅是東京電力。1999（平成11）年發行的《宮城縣歷史》（山川出版社），雖然被認為是最具權威的縣史，但除了年表之外，也沒有提到這一場地震。

地震後，多賀城進行了修復工程，十一世紀時搬到了仙台市宮城野區岩切附近。以JR東北本線的車站來說，從南開始，依序分別是仙台、東仙台、岩切、陸前山王、國府多賀城、鹽釜。

這個新國府也叫做「多賀國府」，非常容易混淆，但十一世紀中途開始的陸奧國府和多賀城指的都是這裡。然而，這裡比不上古代多賀城，也無法確定具體的位置。

陸奧國的一宮（譯註：當地地位最高的神社）是鹽竈市的鹽竈神社，國分寺位於仙台市若林區樂天金鷹球隊根據地的南側。膽澤城遺跡位於東北本線水澤車站往北一站的金崎車站東南方。屬於北上川灣曲部西南側的要害地。

◆總理的祖先是前九年之役的反叛軍？

坂上田村麻呂不僅是軍人，同時也是優秀的行政長官，在東北的情勢穩定、被稱為「俘囚」的蝦夷有力人士也被編入朝廷體制當中之後，膽澤城南邊衣川柵以北的地區，大部分都交由坂上田村麻呂管理。然而，打破這個均衡現狀的是「前九年之役」和「後三年之役」。

前九年之役是俘囚的有力人士安倍氏發動的叛亂，之後遭到朝廷的鎮壓。

1051（永承6）年，眼見俘囚安倍氏的勢力增長，國司藤原登任計畫攻擊安倍氏卻失敗，藤原登任的陸奧守一職遭到解除。繼任的源賴義借助秋田方面的俘囚清原光賴的力量，在廚川柵（盛岡）消滅安倍貞任和他的同夥，叛亂遭到鎮壓。

一世代後，清原氏內部紛爭不斷，原為陸奧守的源賴義之子八幡太郎義家插手消滅了清原氏，幫助藤原清衡獲得霸權。這就是發生在1083（永保3）年的後三年之役。

源賴義在出任陸奧守之後又轉而擔任伊予守，這時候與他同行的是安倍貞任投降的弟弟安倍宗任。其子孫四散西日本各地，現任首相安倍晉三的安倍家也被認為是其中之一。

名產筆記

說到鹽竈的名產，除了水產品和水產加工品之外，名為「鹽釜」的和菓子也非常有名，混合糯米和鹽釜的藻鹽製成。清酒「浦霞」也是這裡的名產。多賀城產的長十郎梨等水果也很出名。

9 世界遺產——平泉的淨土

說到最符合馬可波羅《東方見聞錄》中紀載的黃金之國日本（Zipangu）形象的風景，首推京都的金閣寺，再來就是平泉的中尊寺金色堂。兩者皆為世界文化遺產。

◆若想要體驗平安時代就要去平泉

２０１１（平成23）年獲得登錄成為世界遺產的是①中尊寺（金色堂、金色堂覆堂、經藏、白山神社能舞台、境內）；②以庭園出名的毛越寺；③毛越寺境內附鎮守社遺跡；④無量光院遺跡；⑤金雞山。

獲得登錄的主要原因是①寺院和淨土庭園從大陸引進建築和造園技術，並結合日本自古以來的自然信仰神道，展現了東亞價值觀的交流；②具體呈現現世淨土的象徵，傳承至今。

為了不讓金色堂暴露在雨露之下，鎌倉時代興建了覆堂，金色堂就在這個建築物裡面。戰後調整空調，新建了一座水泥的覆堂，而金色堂也被放入了玻璃箱裡。雖然看得很清楚，但少了莊嚴的氣氛。

毛越寺的淨土庭園經過修復變得更美觀，也正在嘗試復興曲水之宴（譯註：出席者坐在河的兩邊，在酒杯流到自己面前的時候吟詩，取杯飲酒的遊戲）。另外，ＮＨＫ的大河連續劇經常在奧州市的主題公園「歷史公園江刺藤原之鄉」取景。歷史公園位於奧州藤原氏移到平泉之前居住的豐田館遺跡附近，重現了古時候平泉主要的宅邸和金色堂等。正因為京都沒有復原純粹平安時代宅邸或庭園的遺跡，因此更顯珍貴，如果想要實際體驗平安時代的氛

●奧州藤源氏時代的平泉

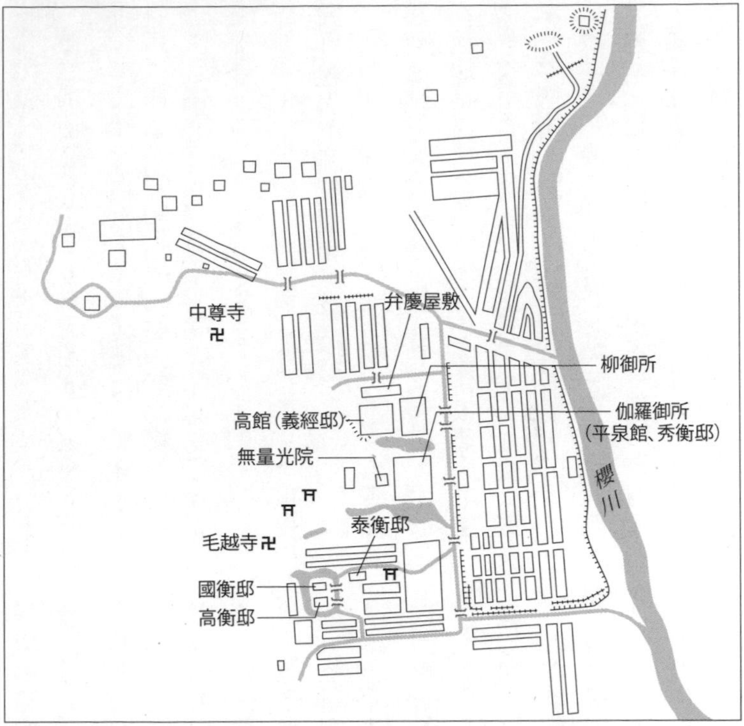

●現在的平泉

園，那麼就一定要前往岩手縣。

藤原清衡在1126（天治3／大治元）年舉行的中尊寺落成祭典上宣讀了「衷心祈禱世界可以成為平等的世界，引領無辜犧牲的亡靈前往極樂淨土」的祭文，這裡可說是符合了這個主旨。

◆因母親而讓源義經和平泉結緣

原本是宮城縣南部亘理郡司的藤原經清於前九年之役中被源賴義所殺，其子清衡，由於母親被送給清原武貞作夫人，因此以清原家之子的身分長大，在後三年之役時，加入八幡太郎義家（源義家）陣營，成為奧州最有實力的人。

清衡、基衡、秀衡的藤原氏三代，借助珍品鷹羽毛和沙金的力量，結交京都的有力人士，並在陸奧興建中尊寺和毛越寺等，打造淨土信仰的桃源鄉。第三代藤原秀衡的舅舅是曾任陸奧守和鎮守府將軍的藤原基成，他是繼承藤原道長兄長藤原隆家一門的中階貴族。但由於藤原基成是平治之亂（1159）年中被處以極刑的藤原信賴的兄長，因此被流放陸奧，寄身於奧州藤原氏的宅邸——衣川館。

藤原基成父親有一個名為一條長成的堂兄弟，他的妻子是源義經的母親常盤御前。因為這一層關係，逃離京都鞍馬寺的牛若丸（源義經）之所以會來到平泉，應該就是常盤御前或他的親信所安排。另外，源義經在富士川之戰（1180年）後帶著數十騎與源賴朝會合，也是非常自然的發展。

源義經在宇治川、一之谷、壇之浦各戰中都因奇謀妙計而大獲全勝，但卻也因此過於顯眼。後來又因為在沒有獲得兄長源賴朝的許可下，擅自接受後白河院賜予的官職，最終遭到排除。

●奧州藤原氏關係圖

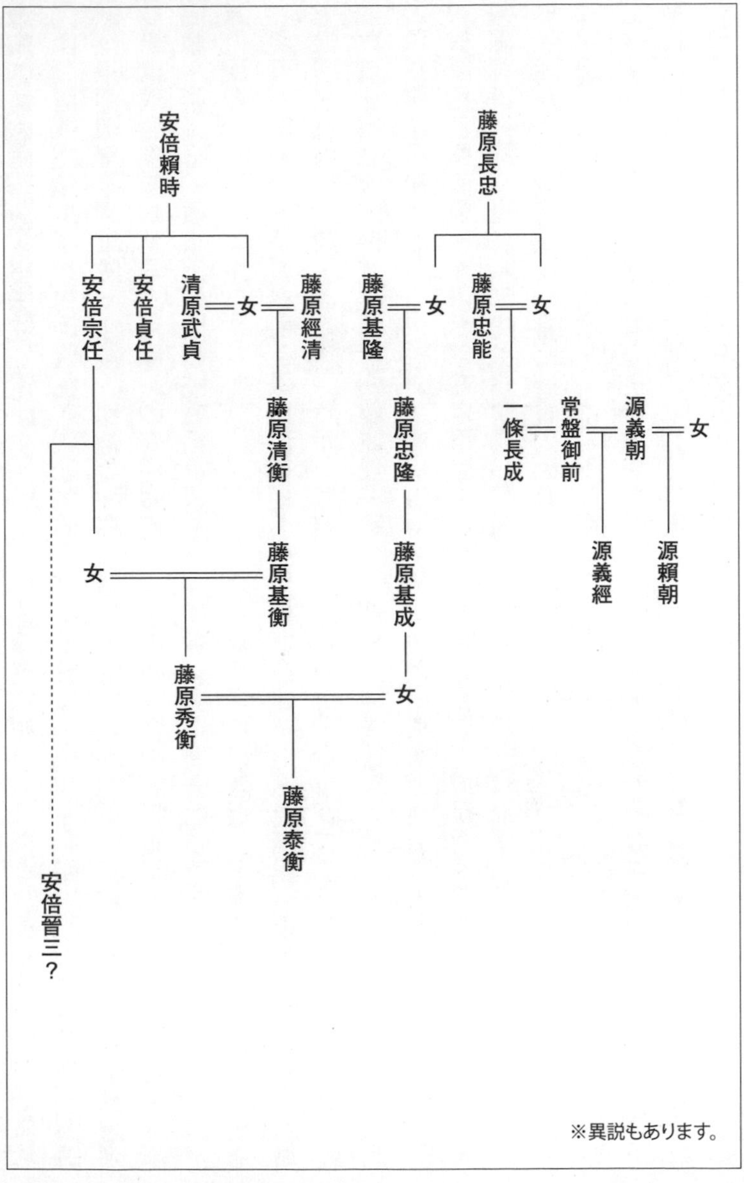
安倍賴時
藤原長忠
安倍宗任
安倍貞任
清原武貞
女
藤原經清
藤原基隆
女
藤原忠能
女
藤原清衡
藤原忠隆
一條長成
常盤御前
源義朝
女
女
藤原基衡
藤原基成
源義經
源賴朝
藤原秀衡
女
藤原泰衡
安倍晉三？
※異説もあります。

◆源賴朝無意原諒奧州藤原氏？

源義經雖然領取了後白河院征討源賴朝的旨意，但卻召集不到軍隊。之後，他帶著弁慶和少數的家臣突破加賀（石川縣）的安宅關回到平泉，這部分的故事因為歌舞伎〈勸進帳〉而為人所知。

藤原秀衡死後，藤原泰衡在鎌倉源賴朝的壓力之下，在衣川館殺了源賴經。然而，源賴朝依舊無法原諒包庇源義經的奧州藤原氏，率先帶頭征服了平泉。

對於源賴朝而言，除了希望在拿下京都之前鞏固背後，同時也是為了將奧州當作「戰利品」賞給旗下的關東武士。會這麼說是因為，滅掉平氏所取得的西日本權益，原本是平氏從朝廷、貴族，以及寺社手裡奪走的權益，因此在平氏滅亡之後，必須要還給他們。源賴朝也因此沒能對於幫助追討平氏的關東武士們給予充分的賞賜。

實際上，許多被源賴朝任命為地頭（譯註：管理莊園的下級官吏）的關東武士都來到了奧州。當中包括被封在下野國（栃木縣）至現在福島市北方的伊達氏、南部氏（山梨縣至青森縣八戶市附近）、蘆名氏（神奈川縣至福島縣會津市）、葛西氏（東京都葛飾區至宮城縣石卷市）、小野寺氏（栃木市至秋田縣雄勝郡）的祖先。

就這樣，在東北地方生根的武士，大部分都是大和朝廷或鎌倉、室町、江戶各幕府派到東北去的武士的子孫。

名產筆記

奧州北部有一個名為前澤的地方，前澤牛是日本全國數一數二的名牌牛。

第4章

因戰亂而荒廢的京都和副都市

1 關東武士的都城——鎌倉

源氏之所以會被關東武士認為是「棟樑」而受到景仰，主要是八幡太郎義家（源義家）的活躍表現。然而，這其實是源賴朝後來在鎌倉開創幕府，從結果導出的印象。義家最為人所知的是在後三年之役的表現，然而，這場戰役從朝廷的角度來看，不過是一群無賴之徒的「私鬥」，之後又因為義家子孫的行為不檢點，導致源氏衰退。

◆源氏為什麼會以鎌倉為根據地？

源義家的孫子源為義因為與藤原賴長親近而得以苟延殘喘，但源為義在保元之亂（1156）年敗戰被殺。這時，站在勝者後白河天皇這一邊的是源為義之子源義朝。源義朝來到關東，和當地的親戚變得親近。

然而，源義朝也在平治之亂（1159年）中敗戰被殺，其子源賴朝則被流放伊豆國。源賴朝被流放之後安靜了一段時間，但在以仁王發布「追討平家令旨」之後從關東起兵。事實上，源賴朝是因為聽說平氏有意肅清自己，因此才不得已起兵。

源氏根據地的鎌倉原本是八幡太郎義家的外祖父平直方，將這裡當作是女兒的嫁妝，送給了女婿源賴義。平直方同時也是北條氏的祖先。源賴義和源義家在鎌倉設置鶴岡八幡宮，作為關東的根據地。

清和源氏的根據地在攝津多田（兵庫縣川西市），本家被稱為攝津源氏或多田源氏。美濃的土岐氏就是出自這個系統。分支以現在的大阪府羽曳野市附近為根據地，成為了河內源

●鎌倉周邊地圖

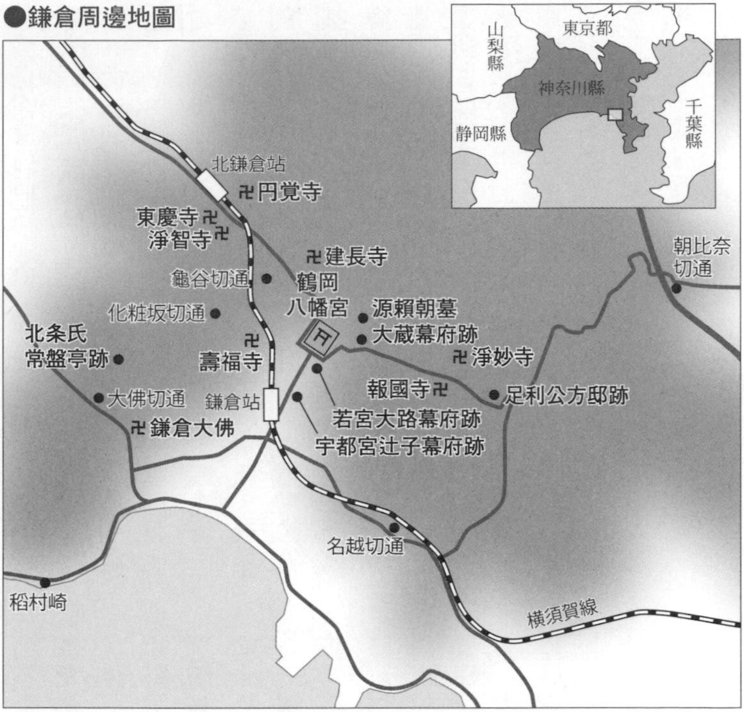

氏，之後出現了八幡太郎義家和賴朝等人才。如果源賴朝和源義經也有現代的戶籍，那麼他們的原籍應該是羽曳野市，這裡有江戶幕府五代將軍德川綱吉重建的壺井八幡宮和源氏三代之墓。從近鐵南大阪線上之太子站下車。

這個壺井八幡宮和祭祀清河源氏始祖源經基的京都六孫王神社（東寺的北側）、川西市的多田神社並稱「源氏三神社」。

◆沒有任命源賴朝為將軍的後白河法皇

取得天下的源賴朝為什麼沒有以首都京都為根據地呢？想必他是因為看到平氏和木曾義仲受到後白

河法皇的擺佈而變得慎重，刻意與朝廷保持距離。

源賴朝在滅掉奧州藤原氏之後，自信滿滿地上京，期待被任命為征夷大將軍，親自與後白河法皇進行長時間的談判。然而，後白河法皇僅給予權大納言和右近衛大將的官職，於是源賴朝暫時回到鎌倉。後白河法皇死後，終於被任命為征夷大將軍的源賴朝再度上京，交涉將與北條政子所生的長女大姬嫁入宮中的事宜。但之後，最重要的大姬死亡，兩年後，源賴朝自己也落馬身亡。

◆島津氏出自源賴朝的私生子？

源賴朝生前重用中原親能、大江廣元、惟宗忠久等公家出身的官僚。他們分別是大友氏、毛利氏、島津氏的祖先。

當中的惟宗忠久是源賴朝乳母的孫子，但到了室町時代，島津氏開始說「自己的祖先是源賴朝的私生子」。江戶時代後期明君的十一代將軍德川家齊，他的舅舅島津重豪獲得幕府的許可，在鎌倉立了「先祖源賴朝」的墓碑。這個墓碑一直到二十一世紀捐贈給鎌倉市之前，都是島津家的私有物。

鎌倉除了南邊面向相模灣之外三面環山，與外部只有開鑿山壁、名為「切通」的狹小道路可以連結，位居險要地。另外，在相當於大內裏的地方設置鶴岡八幡宮，門前的若宮大路就好像是朱雀大路一般，筆直延伸至海邊。

然而，從京都來的女性作家二條在記錄對鎌倉的印象時寫道：「與從東山看京都不同，這裡就好像是階梯般層層堆疊，好似住在袋子裡一樣」。

◆鎌倉為何無法登錄成為世界遺產？

幕府一直到1215（建保3）年為止都設在鶴岡八幡宮的東側（大藏御所），後來搬到面向若宮大路的地方。另外，室町時代設置幕府的地方機構，由鎌倉公方負責管理，而鎌倉公方的府邸位於大藏御所向東、淨妙寺附近

●清和源氏略系圖

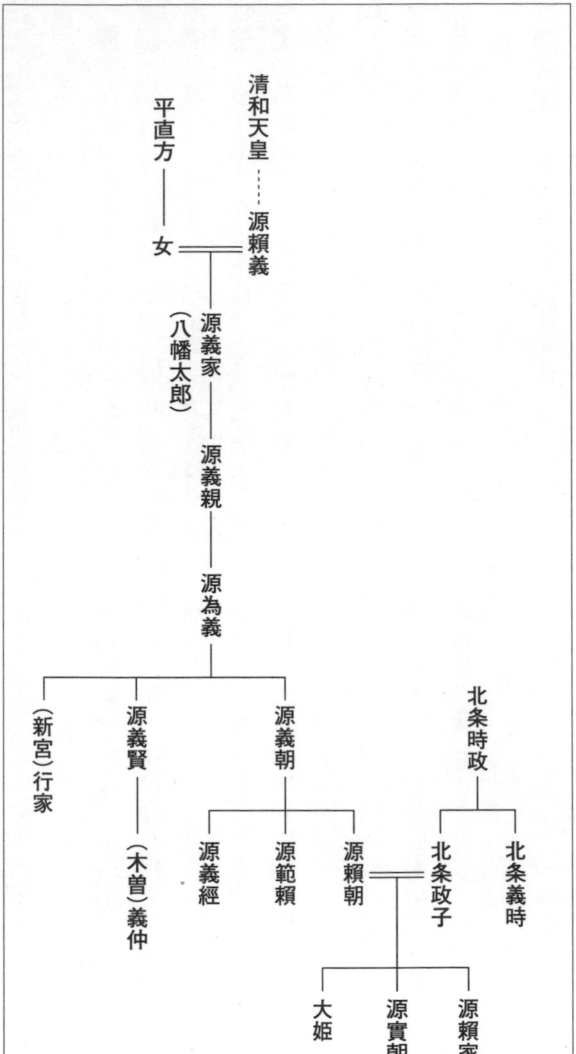

的盆地。這裡同時也是鎌倉時代足利氏府邸的位置。

鎌倉雖然在新田義貞為了打倒幕府而從稻村崎進攻的時候遭遇大殺戮，但到了室町時代，東日本交由關東公方治理，而鎌倉繼續以副首都之姿繁榮發展。鎌倉五山就是由足利義滿制定。然而，到了室町時代中期的1455（享德4／康正元）年，曾是鎌倉公方的足利成氏反抗幕府，被追到古河（茨城縣），足利義政賭上性命攻下的駿河（靜岡縣）也被今川範忠的軍隊放火攻下。這是發生在應仁之亂前十二年的事情。半世紀後，北條早雲歌詠：「枯樹再植花之木，願重現都城繁華」，然而，鎌倉再也沒有找回作為關東之都的榮景。

現在的鎌倉是從五代將軍德川綱吉開始，作為觀光、宗教都市，由江戶幕府重建而成。雖然申請登錄為世界遺產，但遭到委員會否決，這也是沒有辦法的事。

◆美國總統和抹茶冰淇淋

但是，鎌倉作為觀光都市的規劃愈來愈完整。以「竹寺」之名登上米其林旅遊指南的報國寺和以緣切寺出名的東慶寺都被評選為三星景點，比起滿足於自身文化價值的其他寺院，這是鎌倉努力向外國觀光客推廣的成果。

另外，雖然鎌倉時代的建築沒有保留下來，但圓寬寺的舍利殿是南北朝時代的遺跡，裡面還有大佛。

名產筆記

鎌倉沒有特別具代表性的名產，但據說美國總統歐巴馬小時候從印尼返回夏威夷的途中曾經造訪鎌倉，在大佛前吃了抹茶冰淇淋，對此記憶深刻。大家不妨也可以試試看。

2 後鳥羽上皇和隱岐島

名神高速道路的京都南交流道附近有一個「高度集積地區」，任天堂和京瓷等國際企業的總公司都在這裡。這附近是院政時代鳥羽法皇和後鳥羽上皇御所所在地的鳥羽，京瓷總公司就是位於伏見區鳥羽殿町。另外，幕末時期，從大坂街道渡鴨川的地方，就是鳥羽伏見之戰的戰場。

◆「曲水之宴」和紫藤的名勝地──城南宮

在豐臣秀吉改修淀川之前，大船只能上行到山崎，小船只能從桂川和鴨川匯流的這附近上行。由於鳥羽位於朱雀大路的延長線上，屬於交通要地，作為上皇們參拜熊野三山的出發地也非常方便，上皇們會在城南宮齋戒一周後出發。這裡也很適合狩獵和賞月等娛樂，氣候也比平安京溫暖。

從十一世紀白河上皇的親信藤原季綱（平治之亂中被殺的藤原信西的祖父）將別墅獻給白河上皇開始，便在這裡設置離宮。鳥羽天皇還在鳥羽南殿興建安樂壽院，作為自己的墓所。現在雖然沒有留下遺跡，但鳥羽南殿的遺址現在成為鳥羽離宮公園，留有被稱作「秋山」的築山痕跡。

白河、鳥羽、近衛三帝的御陵位於安樂壽院和其周邊，近衛天皇陵是多寶塔的形式，由豐臣秀賴興建。以消災明神廣受人們景仰的城南宮是離宮的鎮守，每年4月29日和11月3日都會舉行「曲水之宴」，在羽觴流過曲水之前吟詩歌詠。這裡同時也是紫藤花的名勝地。「小關餅」是城南宮的名產，據說是以四百五十年前茶屋家女兒的名字命名。

◆強人死後為所欲為的上皇

後白河法皇駕崩之後，朝廷最有實力的強人是村上源氏嫡系的源通親。

源通親是曹洞宗開山始祖道元的父親，也有人說是祖父。另外，養女是土御門天皇的母親。源通親自己是後鳥羽天皇的親信，與源賴朝和其親信大江廣元交好，發揮超群的政治力。他的子孫久我氏是公家源氏的第一把交椅，北畠氏和岩倉氏也是他的後裔。

後白河法皇和源賴朝死後，靠著源通親的力量才讓政局安定，就算在後鳥羽天皇以上皇的身分開始院政之後，他也不允許上皇任意妄為。然而，源通親死後，後鳥羽上皇變得為所欲為，發動打倒鎌倉幕府的承久之亂。召集稱作「流鏑馬揃」的各地武士於城南宮，下令征討鎌倉。

然而，關東迅速反應，在西國武士抵達之前便分出勝負。1221（承久3）年，上皇出家成為法皇，流放隱岐，1239（曆仁2／延應元）年死去。

法皇被流放的地方並非隱岐最大的島後，而是名為島前的島根縣隱岐郡海士町。隱岐海士町陵一度設有後鳥羽上皇的牌位，這裡也有資料館。上皇同時也是主導編纂新古今集的歌人，親筆寫下的「吾乃新島守。隱岐風浪吹我心」非常出名。

海士的島盛產海螺，也以水質好而出名。

◆後鳥羽上皇「讓自家子孫繼承皇位」的執念

《吾妻鏡》中記載，後鳥羽上皇在出家、流放之前，曾讓繪師藤原信實畫了一幅肖像。

●鳥羽離宮周邊的平安時代和現況

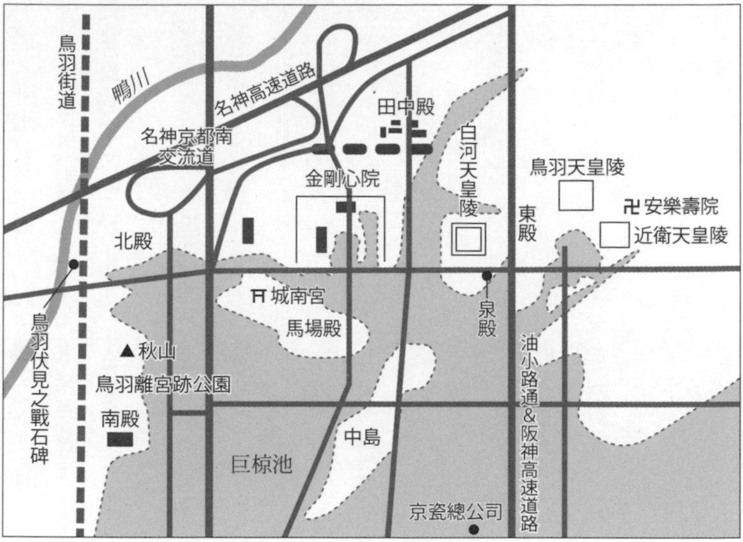

●山崎周邊地圖

這一幅〈紙本著色後鳥羽天皇像〉現在收藏在位於上皇離宮水無瀨殿遺址的水無瀨神宮，成為國寶。

●隱岐島（島前）地圖

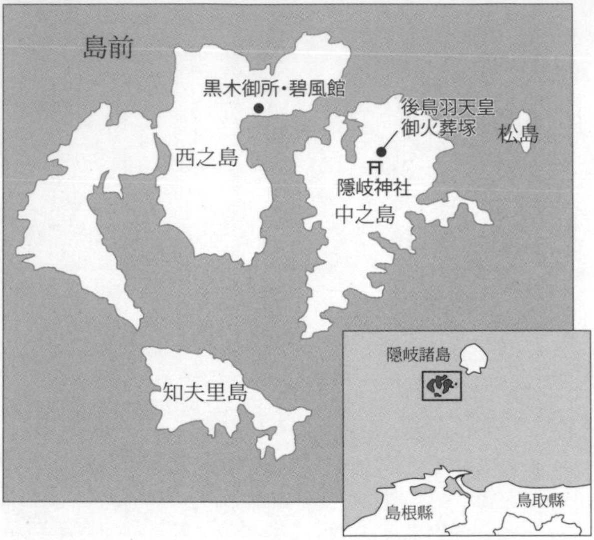

另外，後鳥羽天皇宸翰御手印置文（國寶）是駕崩前十三日親筆所寫遺書，蓋有手印。裡面寫著：「若被這個世間的妄念吸引成魔，那麼可能為這個世間帶來災害。若我的子孫能夠登上皇位，那麼就是我的力量使然。這時要來弔念我的菩提」。

也許是他的執念帶來的結果，上皇駕崩後三年，孫子土御門天皇的遺孤——後嵯峨天皇即位，由上皇的子孫繼承皇統。

水無瀨神宮位於大阪府島本町，這裡曾是名為山崎宿的驛站，也是三多利釀酒廠的所在地。山崎的驛站跨越攝津和山城的國境，京都這一邊是大山崎町，大阪這一邊則是島本町的一部分。水無瀨神宮的水被選為「名水百選」之一。

上述的國寶非公開，但在大山崎町的歷史資料館內展示有複製品。

3 南北朝和吉野行宮

室町時代初期，朝廷分裂了大約六十年的時間，這就是所謂的「南北朝時代」。而造成這場動亂的原因正是「兩統迭立（譯註：皇統一分為二，交替立君主）」。

◆為什麼會發生南北朝的動亂？

承久之亂後，為了排除後鳥羽上皇的子孫繼承皇位，於是讓後鳥羽上皇弟弟的兒子後堀河天皇和其子四條天皇即位。

然而，由於後繼無人，只好又讓後鳥羽上皇的子孫繼承皇位。所謂「攝家將軍」的鎌倉幕府第四代將軍藤原賴經，他的父親是朝廷中最有實力的九條道家。九條道家擁護順德天皇之子的忠成王為天皇，而村上源氏一派則擁立土御門天皇之子邦仁親王（後嵯峨天皇）。

這時，九條道家原本打算取得幕府的同意，排除異議，但幕府執權北條泰時，稱是鶴岡八幡宮的神意，而選了邦仁親王。這是為了避免當時流放佐渡，但尚健在的順德上皇復位而做出的決定。但這也開啟了幕府介入皇位繼承的先例。

後嵯峨天皇只顧享樂，對於政治沒有什麼興趣。他的皇后是平清盛玄孫的西園寺姞子（大宮院），夫婦二人的感情很好。兩人所生的皇子當中，首先讓嫡子後深草天皇即位，但他們似乎更喜歡性格開朗的次子，因此讓深草天皇退位，由次子即位，也就是龜山天皇。龜山天皇之後，又由他的皇子後宇多天皇繼位。

作為補償，賜給了後深草天皇名為長講堂領的莊園群，讓他經濟無虞，但後深草天皇並不滿足，轉向幕府哭訴。當時正值元寇入侵，也許是不想因此造成混亂，北條時宗因此讓後深草天皇之子伏見天皇成為龜山上皇的猶子（譯註：不需要變更姓氏的養子關係），於後宇多天皇之後即位，同時又讓龜山天皇的「大覺寺統」和後深草天皇的「持明院統」，由這兩個皇統交替繼承皇位。

之後到了後嵯峨天皇孫子那一代，兩個皇統各有兄弟二人陸續即位。一旦認可兄弟之間的繼承權，那麼權利就可以無限擴大。之後，大覺寺統的後醍醐天皇於三十一歲的熟齡即位，試圖統一皇統，但卻遭到其他親王向幕府要求逼退天皇。後醍醐天皇一氣之下舉兵打倒幕府，開啟了大家熟知的南北朝時代。

◆許多歷史的舞台——吉水神社

後醍醐天皇最初舉兵的時候，派遣影武者（替身）假裝進入比叡山，但實際上逃往位於京都府南部笠置町的笠置寺。笠置町位於恭仁京遺跡的東方，笠置寺一個高達十五公尺的岩石上刻有「彌勒磨崖佛」。

後醍醐天皇後來被流放隱岐島前的西之島。被發配到了這裡的黑木御所。

吉野這一塊土地與南朝的淵源深遠。從近鐵橿原神宮車站往南，有一個離吉野町區公所最近的車站——大和上市站。從這裡下車，沿著紀之川上游的吉野川而上，可以抵達名為宮瀧的地方。這裡是持統天皇深愛的古代吉野離宮。

另一方面，不在大和上市站下車，繼續坐到終點吉野站，再轉乘纜車登上吉野山，可以抵達金峯山寺和神佛分離後獨立的吉水神社。這個吉水神社是後醍醐天皇過去的行宮，也有他的御座。另外，這裡也是源義經和靜御前分

●吉野周邊地圖

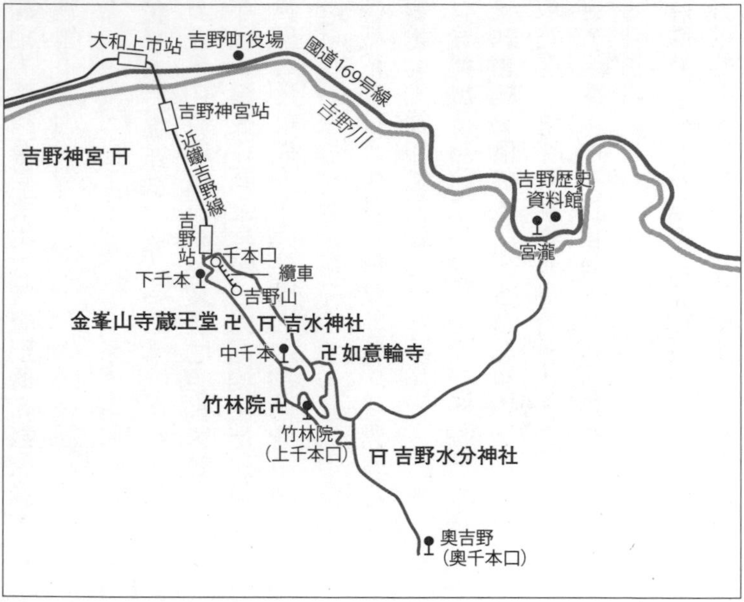

●五條周邊地圖

離的地方，以及讓豐臣秀吉驚艷的吉野櫻花名勝地。

◆位於吉野各地的行宮

金峯山寺的金堂是於豐臣秀吉前來賞花的二年前重建，作為江戶時代以前的木造建築，規模僅次於東大寺的大佛殿。這裡也是修驗道（譯註：日本的山岳信仰結合佛教元素發展出的宗教信仰。入山進行嚴格修行，悟得真理）的靈地，充滿粗曠的魅力。

後醍醐天皇之子後村上天皇受到擔任足利尊氏執事的高師直攻擊，遷移到更南邊的西吉野町賀名生。從五條市走到丹生川上游，有一個「賀名生里歷史民俗資料館」，這裡也是賞梅的名勝地。

除此之外，五條市的榮山寺和大阪府河內長野市的金剛寺也有行宮。榮山寺是惠美押勝為了弔念父親武智麻呂而創建的寺院，留有奈良時代的八角堂。金剛寺是真言宗的寺院，金堂和多寶塔等伽藍是平安時代末期，在後白河法皇和八條女院的援助之下興建。

另外，在發生足利將軍家內鬥的「觀應之亂」時，足利尊氏短暫投靠南朝，北朝的光嚴、光明、崇光天皇被囚，幽禁在賀名生和金剛寺。

名產筆記

吉野的名產是柿葉壽司。因為柿葉的殺菌效果延長保存期限，是為了在山林裡享用鯖魚而發展出來的美食。

●歷代天皇略系圖（80代～97代）

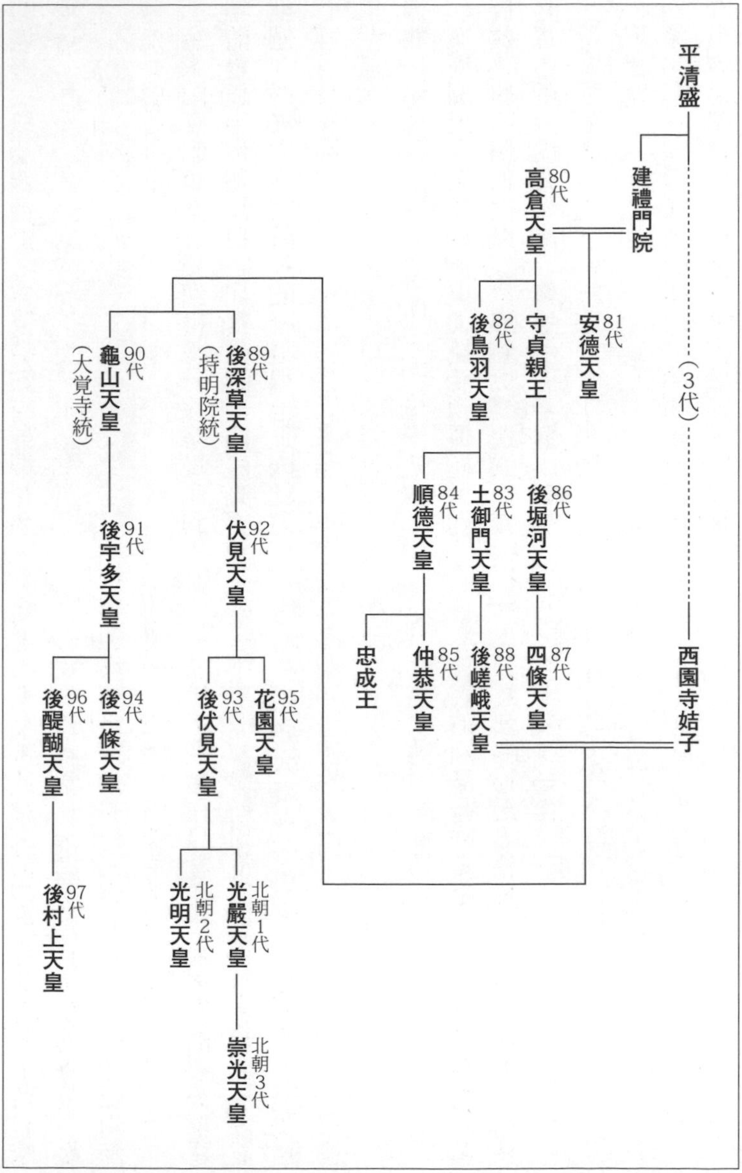

4 室町花之御所和足利義滿

巨大的京都車站大樓四樓有一片廣場，到了冬天會裝飾上聖誕樹，非常受到外國觀光客的歡迎。由於位於室町通的延長線上，因此取名「室町小路廣場」。

◆沒有計畫重建「花之御所」的理由

室町通是平安京西洞院大路和東洞院大路中間的小路。路的盡頭在六條和七條之間，這裡是東本願寺的腹地。二條通和五條通之間是「室町的批發街」，有許多知名的和服商店。

往北走越過今出川通，右側有一個寫著「此是東北足利將軍室町邸址」的石碑。府邸大約是今出川通、室町通、上立賣通、烏丸通圍繞的範圍。

室町幕府在尊氏的時候位於三條坊門高倉。坊門小路指的是三條通和四條通往北兩條的道路，三條坊門小路是現在的御池通。

二代將軍足利義詮從公家室町季顯手中買下「花亭」當作別邸，之後獻給崇光上皇，被稱為「花之御所」。到了１３７８（南朝的天授４／北朝的永和４）年，三代將軍足利義滿以今出川家的「菊亭」遺跡作為幕府的所在地。庭院引鴨川的水造池，種植四季的花朵，邀請天皇和公家舉行宴會。

另外，由於正門設在西側的室町小路上，因此又被稱為「室町殿」或「室町第」，也是室町幕府名字的來源。室町通是一條狹窄的道路，由於這個時代的京都分為下京和上京兩區，僅靠室町通相互連結，因此地位重要。

本應該出現重建「花之御所」的計畫，但

●「花之御所」周邊地圖

2004（平成16）年，同志社大學在花之御所的遺址蓋了一棟名為「寒梅館」的巨大紅磚瓦建築，將來就算想要重建花之御所，恐怕也很困難。就我個人的意見而言，有如英國倉庫一般的紅磚瓦建築為什麼會出現在古都，而且是御所的旁邊，實在難以理解。

雖說不是為了補償，但在面向上立賣通進入烏丸通的地方，保存了花之御所的石板地遺跡，可以透過玻璃欣賞。館內也有展示少許興建時挖掘出來的遺跡。

◆薩長同盟的舞台位於現在的同志社大學

花之御所遺跡所在的烏丸通對面，是同志社大學的本部。這裡在幕末時是薩摩藩邸，締結薩長同盟的地方要不是在這裡，就在現在是同志社大學新町校區的小松帶刀府邸。

另外，同志社大學的東北側是京都五山之一，位於足利義滿創建的相國寺境內。境內東側的住宅區有一個名為「塔壇」的地名，這裡過去曾經有過一座京都史上僅次於京都鐵塔的第二高建築物，那就是高達一百零九公尺的七重塔。這裡的標高比京都鐵塔高，想必非常引人注目。

相國寺是非常有錢的寺院，金閣寺和銀閣寺都是由相國寺直接經營。

狩野永德繪、織田信長賜給上杉謙信的國寶〈洛中洛外圖屏風〉，裡面描繪了1560年代前半的京都，當中也包含了花之御所。這是應仁之亂後一百年的事，時值室町時代十三代將軍足利義輝。

◆茶道聖地和「人形寺」

被稱為「櫻御所」的近衛邸是之前介紹的現同志大學新町校園。新町通上立賣上有一個名為光照院門跡的寺院。這裡過去是北朝持明院御所的位置，在應仁之亂後成為了尼姑庵。

西鄰的小川通東側是細川宗家的京兆家府邸，北側的寺之內通對面是細川分家典廄家的府邸，這附近還有裏千家的「今日庵」和表千家的「不審菴」，是茶道的聖地。

再往西有一個被稱為「人形寺」的寶鏡寺，這裡繼承了禪宗尼寺五山之首的景愛寺的法燈。另外，沿小川通稍微往南，今出川通附近據說是過去上京最繁榮的街道。

另外，這附近在應仁之亂的時候是山名宗全等西軍的陣營，因此被稱為西陣。今出川通的京都市考古學資料館前，立有「西陣」的大石碑。上御靈神社前也立有「應仁之亂勃發地」的石碑。

名產筆記

西陣附近意外有許多優質的麵包店和咖啡廳。

5 北山和東山，以及近江的幕府

日本的生活文化可以說是在室町時代確立。書院造式的住居、茶道、華道、日本料理等，都是在室町時代的時候確立形式。

◆金閣寺原本是西園寺家的寺院

大家應該都有聽過北山文化和東山文化。北山文化源自足利義滿將軍把將軍之位讓給兒子，也就是四代將軍足利義持之後，所居住的北山第。這裡原本是西園寺家所有，在鎌倉時代由西園寺公經興建，以美觀著稱。

然而，由於西園寺家太過支持鎌倉幕府，進入室町時代之後立場變得為難，也因此將北山第賣給了足利義滿。義滿死後幾乎遭到全毀，但一部分成為了鹿苑寺，通稱金閣寺。

金閣寺融合了「黃金之國日本」和「綠水豐饒之國」的兩大印象，非常受到外國人的歡迎。以這個北山第為中心發展出來的文化，融合了公家和武士文化。許多人認為足利義滿踏進了皇室和公家的領域，但其實應該是說他被公家的世界涵蓋。

◆北山文化的金閣和東山文化的銀閣

北山文化盛行舉辦連歌會、鬥茶會、展示舶來的唐物和花藝等。被稱為五山文學的漢詩文風行，水墨畫也很流行。

另外，深受足利義滿寵愛的世阿彌，將猿樂發展成為能樂。觀阿彌和世阿彌出身伊賀的名張，以奈良縣的結崎為根據地，受到興福寺的庇護。之後來到京都，於1374（南朝的文中3／北朝的應安7）年左右，在今熊野

（東大路九條）表演，美少年世阿彌也因此受到足利義滿的注意。之後追隨當時最高的文化人二條良基，向他學習學問和連歌，也因此才能留下〈高砂〉等許多作品，另外也寫下了如《風姿花傳》的優秀藝術論。

另一方面，東山文化是以八代將軍足利義政的東山山莊（慈照寺銀閣）為中心發展，因而得名。模仿金閣建造的銀閣是現存最古老的住宅建築，典型書院造式的和室東求堂也被指定為國寶。房間上面有天井，用屏風和紙拉門隔間，地上鋪著塌塌米，構成書院和室。

東山山莊位於淨土寺的遺址，原本是後白河法皇擁有極大勢力的寵妃丹後局隱居的地方，在應仁之亂時遭到燒毀（留有淨土寺的地名）。足利義政收集的物品被稱為「東山御物」，價值連城。

◆逃出京都的室町將軍們

到了戰國時代，足利將軍經常逃離京都。十五位足利將軍當中，竟然就有3位死在近江。九代將軍足利義尚在應仁之亂後，為了進攻擔任近江守護的六角氏而停留在鉤之陣中（栗東），但卻因為沉迷於酒色而腦溢血死亡。足利義尚甚至還派出忍者暗殺離開居城觀音寺城逃往甲賀郡山裡的六角高賴，但討伐尚未完成就病死。

另外，因為前將軍足利義稙復職而逃離京都的十一代將軍足利義澄，死在近江岡山城（近江八幡市）。這裡是名為水莖之丘的湖畔小山。

十二代將軍足利義晴出生於父親所在的近江岡山城，曾經逃往播磨國，回到京都後就任將軍。然而，由於三好長慶勢力的抬頭而無法安心住在京都，大多住在近江的朽木（秀麟寺

●北山周邊地圖

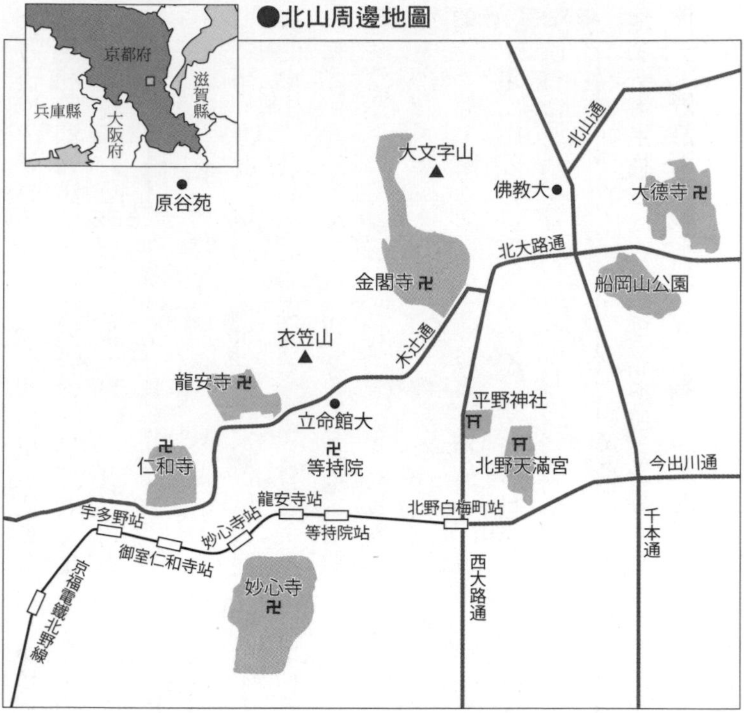

庭園保存至今）。1532（享祿5／天文元）年的享祿、天文之亂後，將幕府搬到了六角氏觀音寺城附近的桑實寺境內約三年的時間，最後死在景行、成務、仲哀三帝宮殿所在的穴太（比叡山腳）。

◆信長的二條城遺址現為女子大學校區

劍豪十三代將軍足利義輝和父親一起住在近江，當上將軍之後也繼續住在這裡。1557年從弘治改元永祿的時候，他甚至都不知情，文書繼續使用弘治的元號長達三個月。

足利義輝和三好長慶和解之後終於回到京都，暫時恢復和平。（洛中洛外圖屏風〉所描繪的就是這個時期。然而，三好長慶死後與松永久秀對立，最後遭到殺害。

●戰國時代的近江國

十四代將軍足利義榮受到三好三人眾（譯註：指的是三好長逸、三好宗渭、岩成友通三人）擁立，在高槻市攝津富田站往南七百公尺處的普門寺接受接任將軍的御旨，準備進入京都。然而，織田信長擁立足利義輝的弟弟足利義昭上京，足利義輝的將軍資格遭到取消，逃往阿波國，最後死去。

足利義昭一開始以法華宗的本圀寺為御

所，後來織田信長修築二條城，足利義昭便移到二條城。東南西北分別是現在的烏丸通東側、新町通東側、丸太町通、出水通。現在的平安女學院大學京都校區、大丸創業者的舊下村家住宅（柳米來留氏設計）都在這裡。

此外，足利將軍和自稱將軍者藏匿在各個地方，關於這一點，於山口的章節再詳細說明。

●足利將軍家略系圖（數字是將軍的代數）

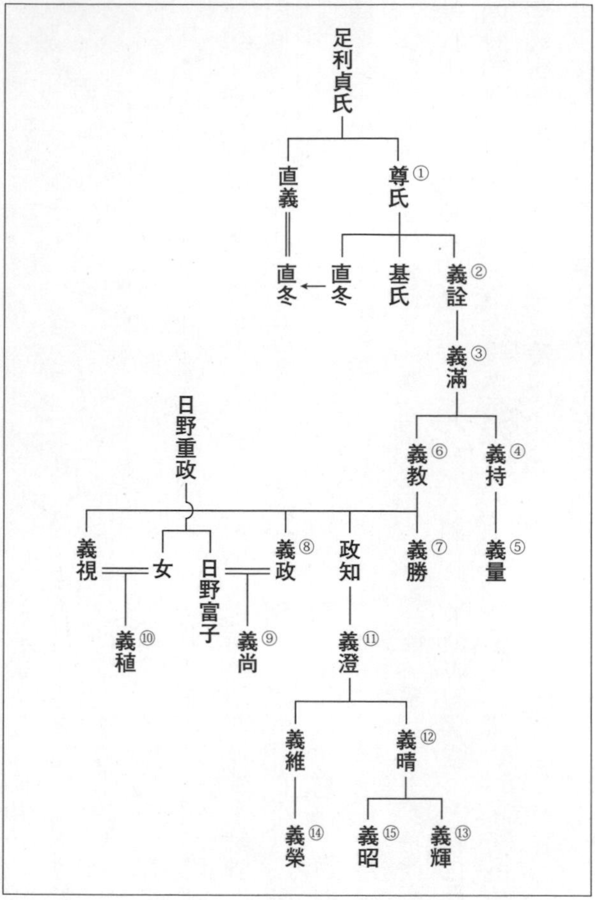

名產筆記

從京都的八瀨、大原，穿過若狹（福井縣）的小濱，在朽木有一條鯖街道。顧名思義，這裡有許多鯖魚壽司的名店。

6 中世的綜合大學——禪宗的「五山」

到了江戶時代，儒學家就好像是大名的高級秘書一般，同時還兼任家庭教師、代筆、政策顧問等，扮演許多不同的角色。

◆發揮「大學」功能的禪宗寺院

儒教起源於中國，據說在佛教之前就已經傳進日本。但令人意外的是，儒教正式導入日本的時間並不長。文祿慶長之役中被俘虜的李氏朝鮮官僚姜沆，他教導出身冷泉家的禪僧藤原惺窩儒學。而藤原惺窩的弟子林羅山追隨德川家，儒學才因此被採用為幕府的統治原理。這麼說來，日本是被李氏朝鮮化。

至於在此之前，僧侶在江戶時代擔任的是相當於儒學家的角色。禪學之所以可以在日本普及，主要是因為禪學是最符合武士生存方式的哲學。不尋求救贖，「克己」的思想符合武士賭上性命戰鬥的生存方式。我認為，所謂的武士道不過是「明治時代之後，為了展示日本也有類似西洋騎士精神的思想而創作出來的東西」。如果要在不過度誇大的情況下美化，那麼武士可以定義為「擁有禪學精神的武人」。

而且，禪宗在綜合接收元明文化方面非常方便。畢竟，平安時代至鎌倉時代，日本處於半鎖國的狀態，因此在學習大陸文化方面的進展緩慢。禪宗的寺院正好是可以學習最新海外文明的「大學」。

◆嵯峨天龍寺裡有夢窗疎石打造的美麗庭園

足利義滿在鎌倉和京都分別設置了五個官寺，稱之為「五山」。雖然根據時期有所異

●京都「五山」關係地圖

動，但最終的京都五山是天龍寺、相國寺、建仁寺、東福寺、萬壽寺，而鎌倉五山則是建長寺、圓覺寺、壽福寺、淨智寺、淨妙寺。在京都和鎌倉五山之上，又設置了南禪寺。

之前已經介紹過南禪寺和京都五山的相國寺，天龍寺是足利尊氏為了弔念後醍醐天皇而興建的寺院，位於嵯峨，原本是大覺寺統的離宮。

夢窗疎石設計的池泉回遊式庭園非常美觀，被指定為特別史蹟。建仁寺與將臨濟宗傳到日本的榮西有很深的淵源。日本繪畫史上的名畫之一〈風神雷神圖（俵屋宗達繪）〉便是收藏在這裡。另外，織田信長的弟弟織田有樂齋過去打造的如庵茶室，原本也是位在建仁寺，現在移到了愛知縣犬山市。

南禪寺的前身是後嵯峨天皇的離宮禪林寺殿，龜山法皇後來將其改為龍安山禪林寺。由於是日本第一座勅願禪寺（譯註：天皇為了祈求國家安定、皇室繁榮而創立的寺院），因此樣式特別。靠著德川家康親信金地院崇傳的力量而昌盛。國寶的方丈（譯註：一丈四方大的居所）是天皇御賜、於天正時代興建的京都御所的建築物。另外，琵琶湖疏水流過境內，磚瓦製成的拱橋和寺院的建築物相輔相成，散發出獨特的魅力。

◆京都第一的楓葉名勝地——東福寺通天橋

東福寺是九條道家從東大寺和興福寺各取一字所創建的寺院。當初供奉的是比奈良大佛小一點的釋迦像。室町幕府四代將軍足利義持重建的三門被指定為國寶。然而，東福寺最出名的還是美麗的楓葉。從長廊一般的通天橋看過去的風景，是京都第一的楓葉名勝地。

萬壽寺在遺址附近留下了萬壽通的路名，位於松原通和五條通之間。原本的位置更靠南，前身是白河院為了弔念愛女郁芳門院而創建的六角堂，鎌倉時代成為臨濟宗的寺院。然而，因為火災等災害而衰落，天正年間遷到東福寺附近，在明治年間成為東福寺的塔頭（譯註：守護寺院高僧塔墓的小院）。

◆與一休禪師淵源深厚的大德寺真珠庵

大德寺和妙心寺雖然不是五山之一，但卻比五山更加繁榮。

大德寺原本受到播磨赤松氏的庇護，後來得到皇室的支援，後醍醐天皇更給予和南禪寺同等的待遇，但大德寺也因此受到足利幕府的冷落。然而，與權力中心保持距離的姿態反而受到許多人的支持，在應仁之亂寺院遭到燒毀之後，也靠著一休禪師的力量重建。

另外，豐臣秀吉把這裡當作是織田信長的菩提寺（譯註：埋葬先人遺骨，弔菩提之寺），大德寺也獲得大名們的支持。塔頭之中的聚光院是三好長慶的菩提寺，這裡有千利休的墓。一休禪師也曾住過裡面的真珠庵。大仙院的庭院是枯山水的傑作，本堂的「玄關」和「凹間」是現存最古老的建築。

原本是花園天皇的御所，後來成為寺院的妙心寺也同樣因為與室町幕府對立而遭到冷落，但獲得在野的支持，裡面有許多大名興建的塔頭，當中也包括真田家興建的塔頭。東林院以婆羅樹的花出名。全國臨濟宗的寺院，有一半都是妙心寺派，花園大學也是由這個宗派經營。

另外，石庭非常有名的龍安寺是細川家的菩提寺。又被稱為苔寺的西芳寺的開山始祖是行基，而夢窗疎石則被認為是龍安寺的中興之祖。

名產筆記

素食料理當中，禪宗的寺院特別偏好豆腐。尤其是南禪寺和天龍寺附近的湯豆腐備受歡迎。

7 西都——山口和沙勿略

戰國時代，全國武士蜂起，以上京奪取天下為目標。有許多人會認為織田信長完成了這個夢想，但事實上，如果以擁護將軍候選人上京這一點來看，在織田信長半世紀前的1511（永正8）年，周防（山口縣）的大名——大內義興就已經成功，且統治京都長達十年的時間。

◆何謂「和風」建築？

十代將軍足利義稙在細川政元（勝元之子）發動的政變之下，被足利義澄奪走了將軍之位。在越中（富山縣）神保氏的保護之下，短暫停留富山縣射水市的放生津城後，嘗試奪回政權但失敗，最後逃到了山口。

然而，在細川政元遭到暗殺之後，足利義稙和大內義興一起回到京都，重新登上將軍寶座。大內義興在「船岡山之戰」中獲勝，當上了管領代，掌握政權。然而，十年後，由於出雲的尼子氏叛變，不得已只好回到山口。

自稱是百濟聖明王之子琳聖太子後裔的大內氏，以多多良為姓，原本是周房國府的地方官僚，後來當上周防、長門（山口縣）的守護（軍事總指揮），勢力擴展到博多等地。日明貿易也不在不知不覺中，被大內氏和博多商人獨占。

瑠璃光寺的五重塔可說是山口的地標。如果有看過的話應該就會發現，這個五重塔有一點屬於中國風。

日本人會感覺「和風」的寺院建築是奈良時代，也就是唐朝的樣式，看到明朝的樣式會

●山口市周邊地圖

感受到異國風味。另外，所謂的南蠻風，其實是明朝華南地區的樣式。就如同長崎的教會，真正的西洋樣式要在幕末之後才正式傳進日本。關於長崎的教會群，由於整理規劃的不夠完善，因此尚未能夠登錄為世界遺產。

將基督教傳進日本的方濟・沙勿略也來到了山口。第一次拜訪大內義隆的時候，由於他的服裝和禮品都非常寒酸，因此沒有被放在眼裡。第二次，沙勿略帶著印度的寶物拜訪，終於受到禮遇。因為這一段故事，因此這裡有聖沙勿略教會。山口市也與沙勿略的故鄉——西班牙潘普洛納結為姊妹市。

◆高杉晉作起義之地——長府功山寺

到了大內義興之子大內義隆這一代，除了擔任周防、長門、安藝（廣島縣）、備後（廣島縣）、石見（島根縣）、豐前、筑前的守護之外，還晉升從二位大宰大弍。山口被稱為「西京」許多公家陸續來到山口，雪舟等文化人也在這裡一展長才。

然而，家臣們無法接受突然間的「公家化」，大內義隆被重臣陶晴賢殺害。最終，繼位的大內義長和陶晴賢也被安藝的毛利氏消滅。

山口位於椹野川中游的廣闊平原，龍福寺（曹洞宗）遷移到了過去大內氏宅邸的位置。北側的八坂神社過去是招待京都客人的迎賓館——築山館。將軍足利義稙從京都逃亡至此的時候住的是神福寺。

高嶺城是大內義長為了防禦毛利氏來襲而築的城，實際上他逃往長府的功山寺，在那裡被滅。功山寺同時也是高杉晉作起義之地。山口縣廳是過去的長州藩廳，以前的正門也被原貌保留。湯田溫泉位於下游郊外。以前被稱為小郡站的山陽新幹線新山口站在更下游地區。附近有迅銷集團（優衣庫）的登記上總店。

◆遭到蜂須賀家冷落的阿波平島公方

另一方面，越過南側的山嶺就是防府市，這裡是過去周防國府的所在地。另外，毛利氏進入明治之後在這裡設置府邸，現在成為毛利博物館，雪舟的代表作〈四季山水圖〉等就收藏在這裡。防府市內的三田尻港是參勤交代和王政復古的時候，長州水軍出發的地點。

除此之外，美濃的革手城和阿波的平島御所也和毛利氏淵源深遠。應仁之亂時逃出京都的足利義視（義政的弟弟）和其子足利義稙停留在美濃守護土岐氏的居城——革手城。革手城位於加納城東南，現在的濟美高中附近。

足利義稙被認為病死在現在的鳴門市附近。養子足利義維雖然自稱將軍，但僅止於堺市。其子足利義榮出生於那賀川町平島，雖然接受擔任將軍的御旨，但無法進入京都，最後死在攝津，遺骨由父親足利義維帶回阿波。

跟隨豐臣秀吉征討四國而成為阿波統治者的蜂須賀氏對於平島公方（譯註：足利義維的子孫）非常冷淡，也將他的姓從足利改為平島，為此覺得不滿的平島氏遷到京都。到了明治時期，平島氏雖然積極爭取爵位的授予，但由於足利一族支持北朝而遭到記恨，最終無法如願。

●大內氏和大友氏的關係圖

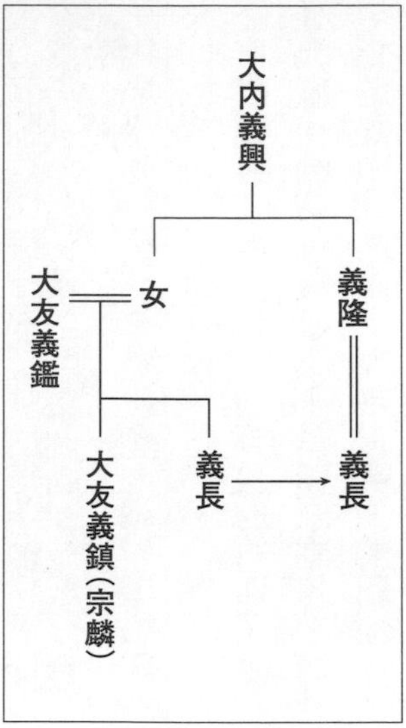

名產筆記

山口市的名產是外郎糕。岐阜市的名產則是因鸕鶿捕魚而出名的香魚。阿南市則擁有日本全國數一數二的海鰻漁獲量。

8 古河公方和北條氏的小田原

室町幕府在鎌倉以足利尊氏的第四子足利基氏為關東公方（譯註：「公方」在室町時代後半指的是足利將軍一族地方勢力的稱號，代替將軍行使公權力。），負責統治關東，關於這一點之前已經有詳細的說明。然而，關東公方不受幕府的控制，企圖獨立，甚至在四代將軍足利義持死後覬覦將軍之位，讓幕府頭疼不已。

原本也預想可能會發生這種情形，因此足利尊氏讓母親娘家的上杉家擔任關東管領，負責監視。另外，常陸國的佐竹氏等，也確保他們忠心幕府。然而，關東公方和上杉家的鬥爭讓局勢變得一片混亂，終於在永享之亂（1438年）中，關東公方退到下總的古河（茨城縣），成為了俗稱的「古河公方」。

幕府另外又派了八代將軍足利義政的弟弟足利政知到關東，但他無法進入鎌倉，停留在伊豆的堀越，被稱為「堀越公方」。然而，庶子茶茶丸殺了嫡子和繼母，對他做出懲罰的是北條早雲。之後，北條早雲成為了關東實質上的統治者。另一方面，足利政知之子、原本在京都天龍寺的足利義澄，後來當上了將軍。

◆關東「首都」之一的古河

茨城縣南部的下總北部過去是平將門的根據地，最近由於利根川注入東京灣，因此下總整體都包含在茨城縣這一邊。同時，由於這裡超過一世紀都是古河公方的根據地，因此古河可以說是過去關東的首都之一。

將公方請到古河的是藤原秀鄉一門、小山

●古河周邊地圖

氏分家的結城氏，雖然在結城合戰中敗給了幕府大軍，但非常頑強地生存下來，之後迎來了德川家康的次子德川秀康為養子，以福井藩主家之姿存活下來。秀康後來恢復為松平氏，祭祀則由秀康一門的前橋藩主負責。

另一方面，古河公方家後來成為北條氏的客分（譯註：原本的領主在下剋上之戰中落敗，失去權力），締結婚姻關係，在小田原被攻下的時候保住性命。到了江戶時代，又以喜連川氏的大名身分存活，受到足利宗家的待遇。

到了明治時期，在進行渡良瀨川的水利工程時，包含古河公方宅邸的遺跡和江戶時代城跡在內的主要部位都被列入河道，無法回憶過去的榮景，非常可惜。不過，古河總和公園是古河公方家最後的女當家——氏姬的鴻巢館的遺跡，獲得彰顯。

●豐臣秀吉進攻小田原的樣子

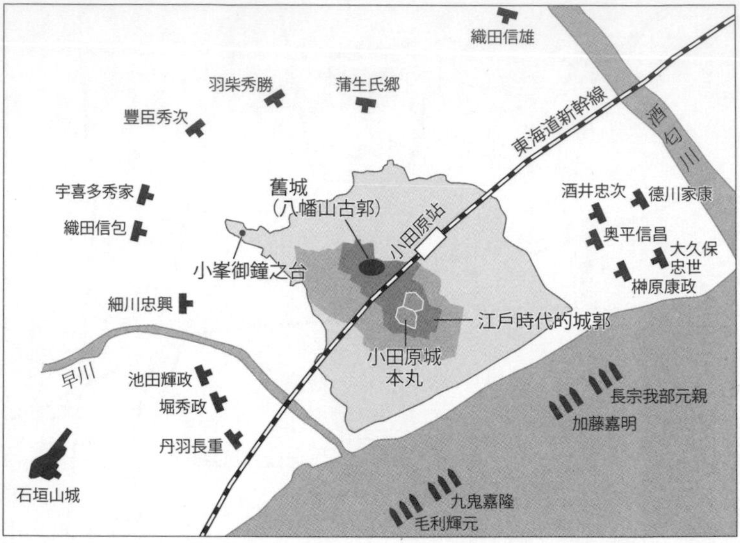

◆北條早雲不是一介浪人

北條早雲是「下剋上」的代表性人物，許多人誤認為他是一介浪人出身，但他之所以會來到東國，其實是因為他的妹妹是駿河國守護大名今川氏的正室。北條早雲原本負責保護足利家的子嗣，出身位居幕府權力中心的伊勢家分家，於備中國（岡山縣）出生。之後來到京都，擔任如同足利將軍秘書一般的職務，為了成為未亡人的妹妹而前往駿河，獲得今川家賜予位於沼津附近的興國寺城。

如前所述，伊豆的堀越公方家發生內亂，北條早雲在幕府的支持之下攻打茶茶丸，並與扇谷上杉氏聯手進駐關東。小田原城主大森氏也因為反抗扇谷上杉氏而遭到攻下。

然而，北條早雲又進一步覬覦三浦半島，從這個時候開始與上杉氏對立。到了北條早雲孫子的第三代北條氏康時，在河越夜戰中與古

●北條氏關係圖

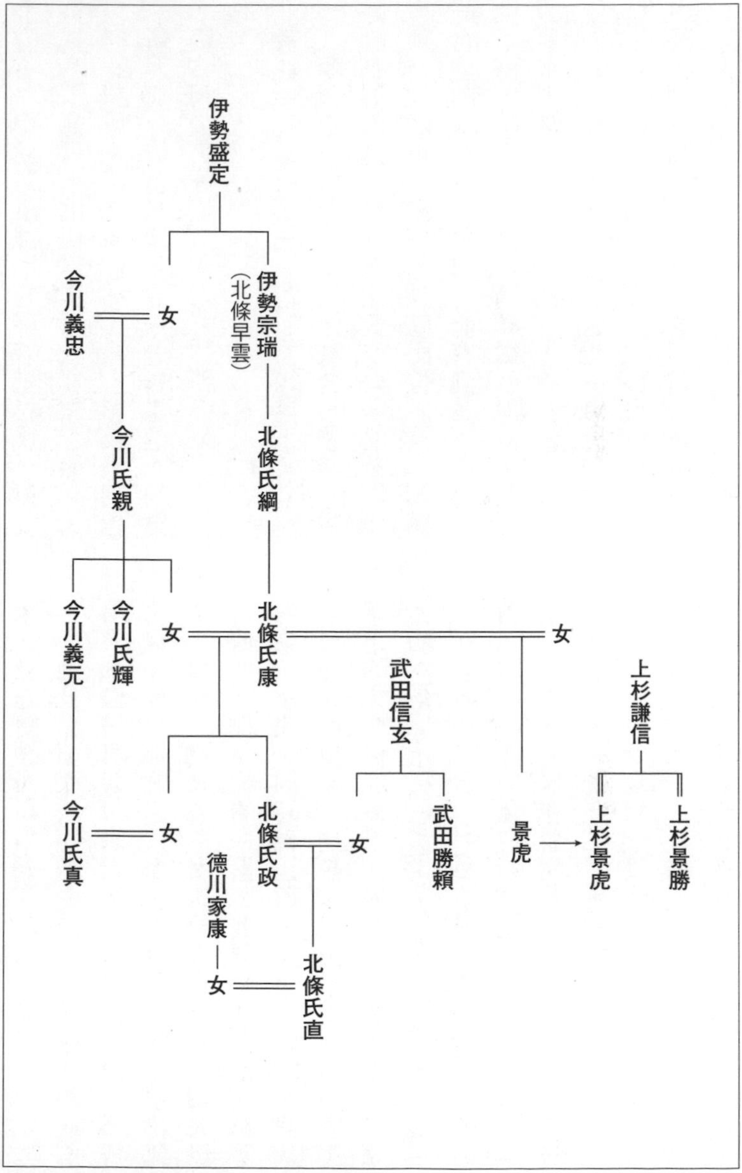
伊勢盛定
伊勢宗瑞（北條早雲）
女
今川義忠
今川氏親
北條氏綱
今川義元
今川氏輝
女
北條氏康
女
武田信玄
上杉謙信
今川氏真
女
北條氏政
女
武田勝賴
景虎
上杉景虎
上杉景勝
德川家康
女
北條氏直

河公方、以相模為根據地的扇谷上杉氏，以及上野國（群馬縣）的山內上杉氏聯軍作戰，大獲全勝。扇谷上杉氏滅亡，山內上杉氏逃到越後（新潟縣）成為長尾景虎（上杉謙信）的養子，而古河公方家則成了北條氏的客分。

◆北條氏為什麼以小田原城為根據地？

北條氏之所以會以小田原城為根據地，主要是因為與西邊的駿河今川氏交好，必須防禦來自東方的敵軍。箱根的外輪山位於沉入相模灣的台地前端，南有早川、北有酒 川流過，東則是海，防守堅固，但防禦從西邊而來的敵人卻非常困難。

因此，建築了長達十二公里的城郭包圍整個城下町，西邊標高一百二十三公尺的小峰御鐘台像一個鳥嘴一般矗立。很幸運的是，北條時代小田原城的土壘和空堀雖然沒能保留下來，但在這裡可以看到少許的影子。

由於小田原城固若金湯，上杉謙信和武田信玄都像被貝殼包圍起來一般動彈不得，不得已只好放棄進攻。然而，豐臣秀吉在石垣山建了一夜城，找來了美女、藝人和茶人，讓人以為他做好長期戰的準備。他同時又在城內招募內應，當家、同時也是德川家康女婿的北條氏直只好開城投降。之後，小田原城由德川家康手下的大久保忠鄰擔任城主，但在大久保忠鄰失勢之後，小田原城成為了廢城遭到破壞。1632（寬永9）年，賜給了春日局之子稻葉正勝，改建成為有石垣和天守閣的西日本風城郭，也就是現在看到的樣子。現在作為北條時代的遺跡和觀光地，整理地愈來愈完善。

名產筆記

小田原的傳統名產是魚板。

9 安土城是織田家的發祥地

織田信長為什麼會在安土築城呢？

事實上，有一個許多人都忽略的明確動機。那就是，這裡是織田家的發祥地。

◆信長根據「平氏邏輯」行動

織田家的第一代被認為是平資盛之子。帶著這個孩子的女性投靠了安土城附近津田（近江八幡市）的土豪，他的孩子後來成為了越前國丹生郡織田劍神社神主的養子。對於織田信長而言，安土附近是父祖的發源地，自然也是他選擇在安土築城的理由之一。

織田這個名字由來自越前的地名。這與德川家康的祖先從上野國移到三河國松平鄉，成為當地土豪的上門女婿，取當地的地名成為松平氏是一樣的道理。織田家次子以下多半使用津田姓，這是取自津田鄉。另外，由於父祖是平氏，因此信長也使用平姓。

織田信長經常都是以「平氏邏輯」思考。如果從這個角度看來，那麼足利義昭和織田信長爭鬥的理由也變得單純。足利義昭以對待過去管領斯波家的方式對待織田家。

雖然這個待遇並不差，但織田信長期望的是相當於鎌倉幕府內北條執權家一般的待遇。北條執權家也同樣是平氏。

◆義昭「社長」和信長「副社長」？

如前所述，之前已經有此先例。這時代關東的古河公方和後北條氏正是以鎌倉幕府為樣本的源氏和平氏的關係，而織田信長當然也想模仿這一種關係。

簡單來說，足利義昭把自己和織田信長的關係想成是社長和副社長，但織田信長想要的是名譽會長和實權社長的關係。同時，織田信長也很討厭繁文縟節，因此不想去京都。此外，之前也有先例，無論是大內義興或三好長慶，以京都為根據地之後，實力都逐漸減弱。

因此，織田信長一開始停留在岐阜，採取有事才前往京都的體制。為此，他修築跨越摺針（米原市）和中越的道路，也在琵琶湖準備了快船。然而，足利義昭遭到放逐之後，織田信長將東國的霸權交給嫡子織田信忠（信忠與武田信玄的女兒有婚約，還擔任代表東夷對蝦夷的前線司令官——「秋田城介」），織田信長自己則為了攻下西國、前進大陸而遷移到安土。

◆無法復原安土城天守的原因

江戶城的天守閣在「明曆大火」中燒毀，四代將軍德川家綱的叔父保科正之反對重建，說道：「天守乃近代、織田右府（信長）以來之事，不過是用來觀望遠方」。可以看出，「天守閣乃織田信長創建的建築物」的認知對於大名們而言屬於常識。有許多可以稱做是天守閣根源的建築物，當中無論是規模或華麗程度，安土城都是高人一等。

這個天守閣其實是為了「向人展示」而興建。從大手門開始到天守閣的底下為止，有一段幾乎是直線的寬廣石階。據說，織田信長開放天守閣給民眾參觀，收取門票。

關於天守閣的內部，地下有一座寶塔，裝飾有狩野永德等人所繪的金色障壁畫，外牆分層塗上赤、青色裝飾，第四層是八角形，最上層則是輝煌的金色。另外，天守台是不等邊八

●戰國時代的安土周邊

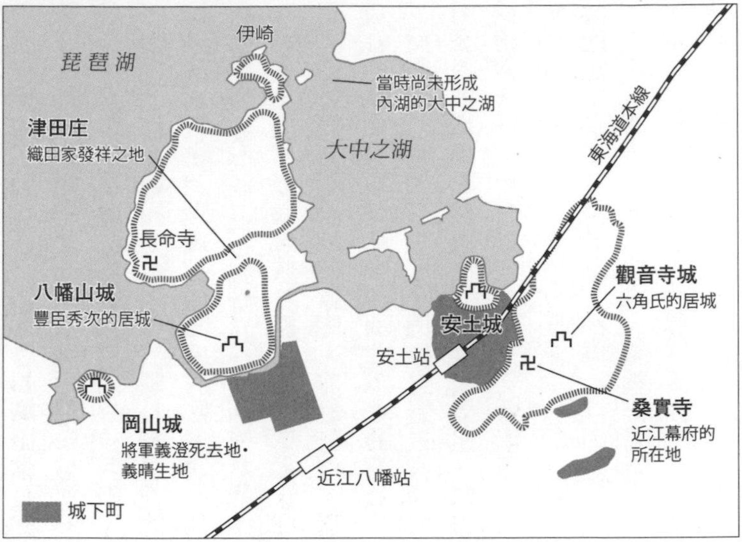

角形，被認為「模仿安土城」所興建的岡山城天守閣則是五角形。

滋賀縣從以前開始就希望可以復原安土城天守閣，但文化廳以「沒有確切的圖面」為由而固執反對，至今都沒有復原。如前所述，古代遺跡其實被允許可以自由復原，足以可見日本文化廳的本位主義。

◆繼承安土DNA的水鄉——近江八幡

現在在安土的「信長館」裡可以看到為了塞維亞萬國博覽會日本館所復原的天守閣最上層，而天守閣整體的模型則放在「城郭資料館」展示。當時的建築物只剩下總見寺的三重塔和仁王門，石垣保存良好。只不過，周圍的樹木都沒有修剪，從下往上看的時候沒有遺跡的風範，這一點非常可惜。

順道一提，安土城並非是在本能寺之變中

燒毀後就變成了廢城。之後，作為織田信長的嫡孫三法師（織田秀信）的居城重建，但在小牧長久手之戰中，織田信雄和豐田秀吉對戰，為了安全起見，織田秀信遷移到了丹羽長秀的坂本城。之後，治理這裡的三好秀次（之後的關白豐臣秀次）將城移到近江八幡（八幡山城），安土城才成為廢城。泥沙堆積使得水運變得困難被認為是廢城的原因。無論如何，水鄉近江八幡保有了織田信長安土城的DNA。

然而，八幡山城也在小田原之戰後被秀次轉封到尾張清洲，之後由京極高次入主，最後遭到廢除。

名產筆記

近江八幡市是美食之城。這裡既是近江牛的正宗，和菓子「Taneya」和同集團的洋菓子「CLUB HARIE」的根據地也在這裡。

●織田氏略系圖

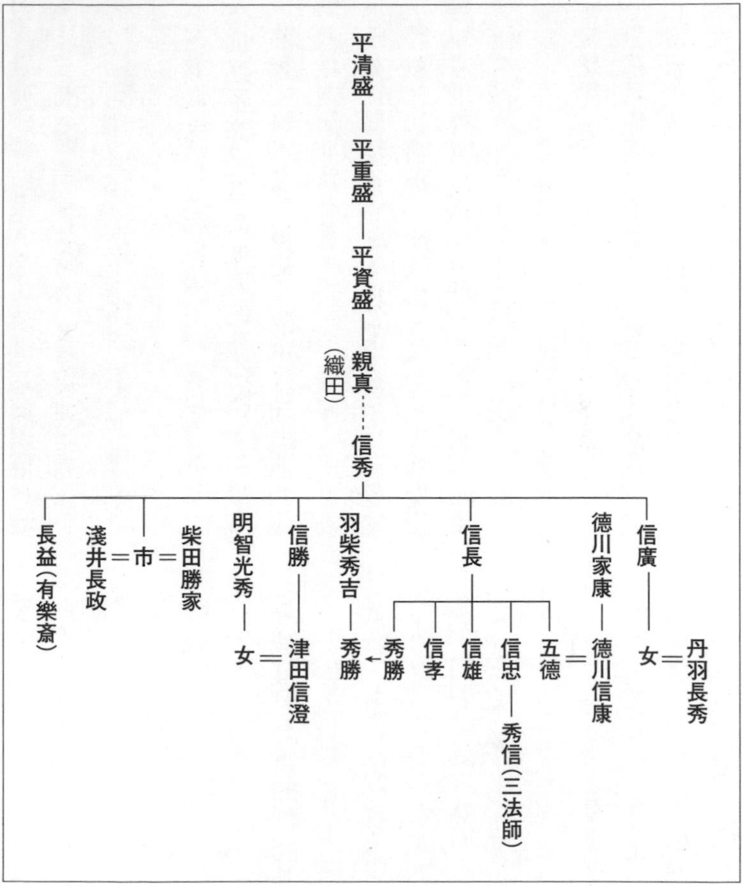
平清盛
平重盛
平資盛
親真
(織田)
信秀
信廣
女
丹羽長秀
德川家康
德川信康
五德
信長
信忠
秀信(三法師)
信雄
信孝
秀勝
羽柴秀吉
秀勝
信勝
津田信澄
明智光秀
女
柴田勝家
市
淺井長政
長益(有樂斎)

10 本能寺之變和聚樂第

ＮＨＫ大河連續劇最近經常以女性為主角，描述了許多戰國武將的私生活。話雖如此，其實史料不多，但最起碼可以知道他們住過哪些地方，非常有趣。

例如，豐臣秀吉和寧寧（北政所）結婚之後，陸續住過清洲、小牧山、岐阜（中途豐臣秀吉單身前往近江橫山赴任）、小谷、長濱（中途豐臣秀吉單身前往姬路赴任）、山崎、大坂、聚樂第、大坂（豐臣秀吉單身前往名護屋赴任）、伏見。

對於豐臣秀吉而言，當中又以在京都聚樂第和母親大政所一起居住的時光最為幸福。然而，在大政所、成為德川家康夫人的妹妹旭姬、以及弟弟豐臣秀長相繼死去後，寧寧和秀吉的姊姊智（日秀尼）變得疏遠，也許也是因為這樣，才會發生秀次事件（譯註：豐臣秀次被秀吉懷疑意圖謀反）。果真教母的存在還是很重要。

◆被幕府廢絕的豐國神社

雖然一般將這段時期稱為「安土桃山時代」，但豐臣政權的中心在大坂城，因此關於是否應該稱為「安土大坂時代」這一點，有許多不同的爭議。然而，筆者認為，大坂是豐臣家的居城，他身為天下之主的活動範圍應該是以京都為中心。

豐臣秀吉之墓是在位於七條通延長線上的東山阿彌陀峰。在筆者小時候，可以從京都市內遠望從山腳一直延伸出來的階梯。祭祀秀吉的豐國神社位於阿彌陀峰的山腳，但在德川幕

●豐臣氏略系圖

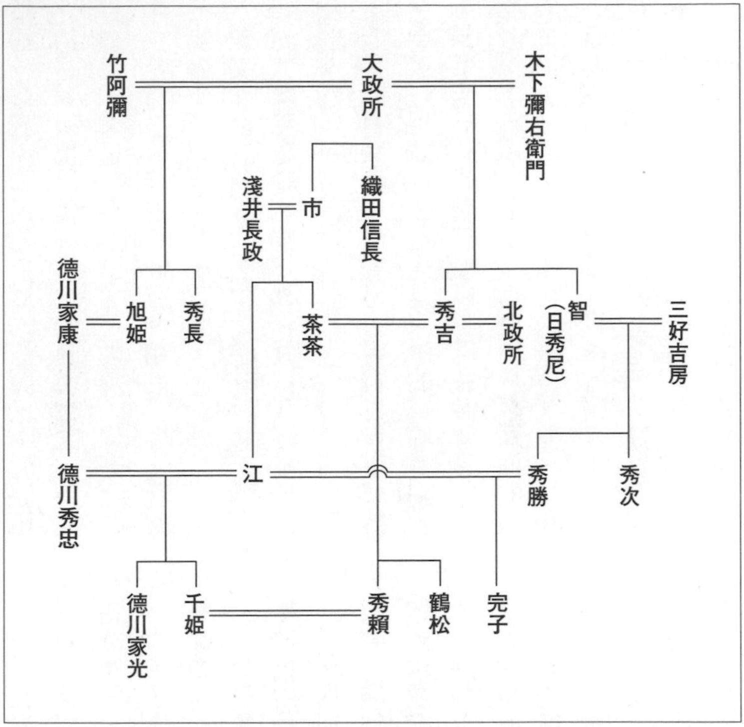

府任其荒廢的命令之下，逐漸廢絕。

到了1868（明治元）年，以寧寧的娘家木下家為中心，試圖恢復豐國神社的榮景，新政府也因為豐臣秀吉有尊王之心而給予支持。這時，也有人主張應該遷到與豐臣秀吉淵源深遠的大阪，但最終還是尊重秀吉的遺願，選擇京都。然而，復興的豐國神社位置稍有移動，遷到了過去的方廣寺大佛殿遺址。

◆京都由桓武天皇開創、豐臣秀吉改造

豐臣秀吉針對京都的街道進行大改造。他在自平安京以來、

面積約一百五十公尺正方形的區塊正中間開拓南北道路，京都街區的每一個區塊也因此變成狹長型。如果是正方形區塊，則每一個區塊的正中央都會有一塊無法充分利用的空間，狹長型的街區則可以充分利用空間。

他又在所有街區的四周建築名為「御土居」的土牆和壕溝防禦，改成更符合京城結構的樣式。御土居以河原町和千本通往西一點為東西，北有鷹峰，南則是東寺附近。這個御土居到了江戶時代，首先是東邊的鴨川遭到破壞，到了明治時代全部毀損，現在保留最好的就是之前介紹過的北野天滿宮梅林裡面的石牆。

這個京都街區的骨幹一直維持到現在。因此可以說，京都是由桓武天皇開創、豐臣秀吉改造。

另外，街區的中心是聚樂第。這裡是過去大內裏的遺跡，大約是堀川通、千本通、丸太町通、今出川通圍繞的範圍。據說是一個相當完善的城，廣島城就是模仿聚樂第所建。

◆如果沒有發生本能寺之變……

聚樂第在秀次事件後被解體移往伏見城等地，確定是當時遺跡存留下來的是大德寺唐門。西本願寺飛雲閣雖然是進入江戶時代才興建的可能性很高，但屏風繪有類似的建築物，因此也並非全無可能是當時的遺跡。

許多寺院也是在這個時期集中在寺町或寺之內。本能寺也從西洞院六角搬到寺町御池。原本的位置是在丹波口附近，丹波口是從山陰方面進入京都的入口。

如果沒有發生本能寺之變，那麼織田信長會如何？明智光秀的意圖又是什麼？這些雖然不是本書的主題，其他書籍裡面也有詳細的論述，但這裡簡單介紹筆者推測的結論。

織田信長想必會要求正親町天皇和誠仁親王出巡安土。之前已經有過足利義滿要求天皇出巡北山第的先例。另外，在這前後就會出現讓位。

●本能寺之變和秀吉進行的京都大改造

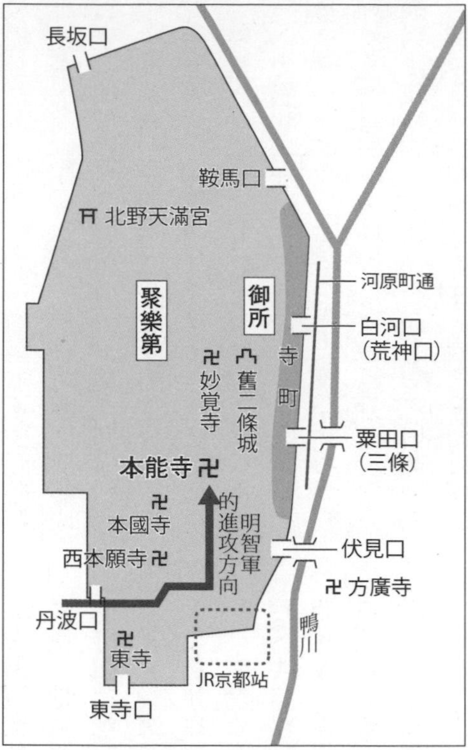

織田信長讓織田信忠擔任征夷大將軍，自己則和足利義滿一般，在短時間就任太政大臣之後，接受「准后（譯註：接受相當於皇后、皇太后、太皇太后三后待遇的榮銜）」的宣詔。平清盛和足利義滿也沒有擔任太政大臣太長的時間。之後，他想必會讓織田信忠離開岐阜遷到安土，自己留在大坂，或是讓織田信忠移到大坂。

◆明智光秀在一時衝動之下謀反

明智光秀之所以會謀反是因為他逐漸遭到冷落而擔心失勢，又剛好碰到可以將放鬆警戒的織田信長和信忠一網打盡的機會，所以才會孤注一擲。

●本能寺之變時，織田家主要武將的所在地

織田信長突然把信忠叫到京都，令人不可置信的是，他竟然只帶著少數的兵力滯留在位於本能寺和二條衣棚、舊二條城南方的妙覺寺（豐臣秀吉後來將其遷到上御靈小川），掉以輕心的舉動足以引誘出明智光秀的不臣之心。

本能寺之變後，明智光秀女婿的津田信澄（織田信長弟弟信勝之子）立刻遭到織田信孝的討伐，再加上沒有和足利義昭聯手，秀吉和毛利和解後立刻從中國地區返回等，事後行動的不周全都再再證明明智光秀的謀反是出於一時衝動。

其實，明智光秀並不是像大家所說的一般完全沒有盟友。光秀的盟友後來被秀吉肅清而不知名，而細川幽齋也只是採取觀望態度，並沒有明確加入秀吉陣營。所有的一切都是因為秀吉返回京都的速度太快。

11 伏見城和明治天皇伏見桃山陵

伏見是與北朝淵源深遠的土地。從奈良街道往南，在宇治川上有一座觀月橋。附近有一個指月丘，現在這裡是UR都市再生機構（舊住宅公團）的住宅區，原本是豐臣秀吉最初興建伏見城的位置。遭到地震破壞之後，伏見城搬到了東邊的木幡山（現明治天皇伏見桃山陵），這個指月丘原本是藤原賴通之子橘俊綱的別墅所在地，是著名的賞月勝地。

別墅之後由持明院統（北朝）所有，南北朝時代，崇光上皇住在這裡，其子榮仁親王也住在這裡，被稱為「伏見宮家」。這個府邸後來被豐臣秀吉買去，在那裡築城。這附近現在有大光明寺陵，成為光明天皇和崇光天皇的御陵。

◆在關原前哨戰中被燒毀的伏見城

豐臣秀吉在這裡築城的時候，原本僅是代替淀城作為京都和大坂聯絡地的別墅，但由於豐臣秀次失勢，這裡才成為正式的居城。然而，1596（文祿5／慶長元）年的慶長伏見地震中遭到嚴重破壞，趁著這個機會將伏見城搬到了東北的木幡山，建造成一座正式的平山城，成為了豐臣秀吉名符其實的居城。1598（慶長3）年，豐臣秀吉就是在這個伏見城裡死去。

期間，淀殿在鶴松出生前後住在淀城，在豐臣秀賴誕生前年開始搬到大坂城，秀賴誕生後又搬到伏見城。然而，在秀吉死後，秀賴以大老前田利家為太傅，遵照秀吉「住在要害堅固的大坂城」的遺言，於是搬到了大坂城。伏見城成為了同樣是大老的德川康的政務中心。德川家康一開始在城下有自己的府邸，但為了安全起見，於是住進城內。

之後，石田三成趁著德川家康出兵討伐會津時舉兵。石田三成陣營的宇喜多秀家等人進攻伏見城，與負責留守的德川家家臣鳥居元忠玉石俱焚，但成功拖延了時間。包含天守閣在內的伏見城大部分建築物，都在這個時候燒毀。

◆伏見城遺跡移建到福山城的理由

關原之戰後，德川家康重建後繼續住在這裡，1603（慶長8）年在這裡接受將軍宣詔，一直到1607（慶長12）年移到駿府前，一直都住在這裡。之後德川秀忠和家光也在伏見城接受將軍宣詔，大坂夏之陣後也是在這裡頒布武家諸法度。這時德川家的居城雖然是江戶城，但伏見城才被視為是將軍正式的居城。

然而，德川家康死後，德川秀忠重建大坂城，作為德川幕府西日本的根據地，二條城也成為幕府京都的地方機構。也就是說，伏見城的機能分給了這兩個城。伏見城廢城之後，建築物分別被移往京都的社寺、大坂城、大和郡山城、福山城（廣島縣）、江戶城等。皇居二重橋的二層櫓也是其中之一。

建築物多半移往福山城的理由是，福山城是少數在夏之陣後新建築的城郭之一。從山陽新幹線福山車站正面也可以看到的伏見櫓便是伏見城的遺跡。

◆連結伏見和京都的大動脈──高瀨川

廢城之後的伏見作為海港城市蓬勃發展，幕府也在這裡設置伏見奉行所。角倉了以奉德川家康之命開鑿的高瀨川，連接伏見和京都二條附近，成為運輸京都物資的大動脈。二條城附近興建了向西突出的運河，可以供船隻調換方向、卸貨，以及停泊，現在以「一之舟入」的名稱，被指定為史蹟。

另外，伏見有許多來往於大坂的船隻，西國大名在參勤交代的時候也不進入京都，而是從大坂沿淀川來到伏見，從伏見經過山科，再經由逢坂關前往大津，這是他們最常走的路

●歷代天皇略系圖（96～105代）

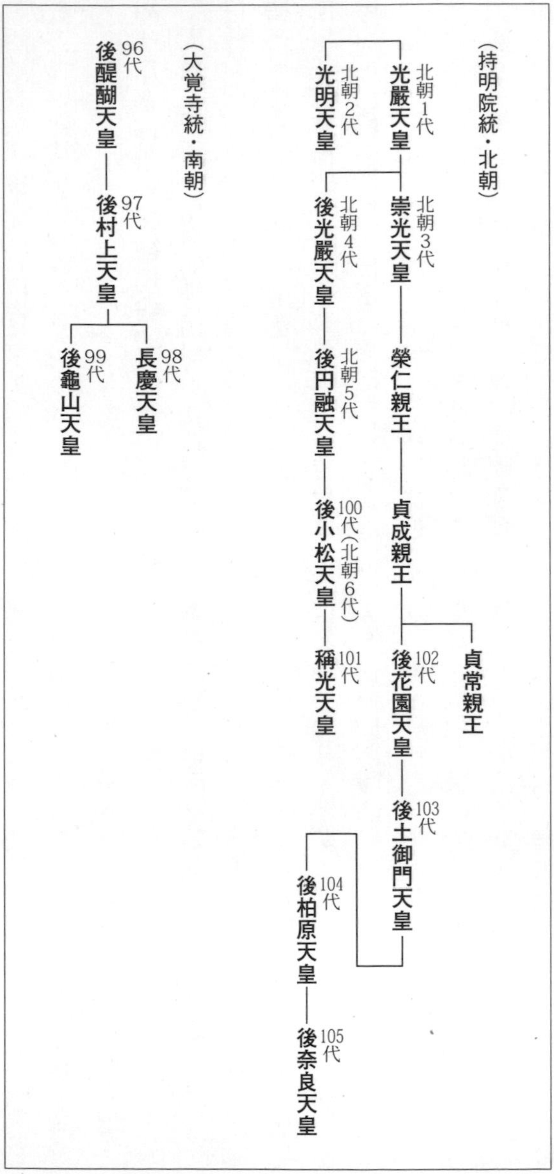

線。西國大名們會在伏見接見京都的文化人，少數人也會前往京都參觀。

◆和伏見奉行所一起被燒毀的淀城

因坂本龍馬而出名的寺田屋，在伏見有許多這種類型的船宿，伏見也成為幕末維新事件的舞台。鳥羽伏見之戰中，新選組佔領伏見奉行所，在薩摩藩的攻擊之下燒毀（現在位於寺田屋舊址的建築物也不是當時的建築物）。

這時，一起被燒毀的是淀城。淀城在淀殿時代位於宇治川北側，但在秀吉興建伏見城後遭到廢除。等到伏見城荒廢後，為了監視來往淀川的船隻，在宇治川南側建築了新的淀城，伏見成為了城下街。

伏見城的天守閣搬到了二條城，二條城的天守閣則被搬到淀城再利用。鳥羽伏見之戰中，江戶詰老中稻葉正邦留守淀城，由於拒絕幕府的殘兵入城，城下遭到燒毀。進入明治之後，為了修改淀川的河道，城下街成為了河道而消失，現在只剩下京阪淀車站旁邊的石垣。

◆與伊勢、橿原並列的三大聖地之一

另一方面，明治天皇親自指定伏見城為自己的陵墓，成為了伏見桃山陵。御陵位於伏見城本丸（譯註：本城。最主要的建築物）遺址，天守台位於御陵的背後，禁止進入。御陵在二次大戰前與伊勢、橿原並列，被稱為日本三大聖地，但現在東京的明治神宮更受到重視，這裡幾乎無人關心，非常可惜。

戰後在城內一角重建的是現在可以入內參觀的伏見桃山城。相較於大阪城的白牆混合了桃山時代和江戶時代的建築樣式，伏見桃山城屬於桃山時代的華麗建築，但由於不符合耐震基準，內部暫時關閉。在附近散步的時候可以

●伏見城周邊地圖

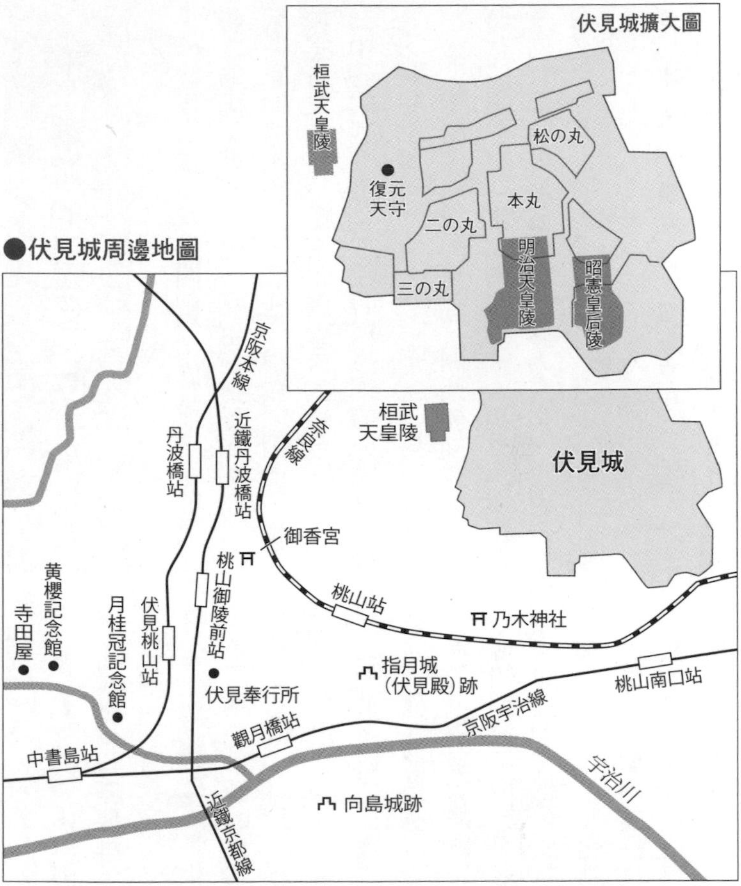

發現毛利長門、井伊掃部、家賀屋敷、福島太夫、治部、島津、最上、長岡越中等街道的名稱。

伏見與灘市並列，是清酒的盛產地，月桂冠和寶酒造等知名酒廠都位在這裡，也可以進酒廠參觀。伏見的名字源自名為「伏水」的優質地下水，伏見城門移建地的御香宮，旁邊的水被列為「名水百選」之一。

12 琳派的誕生和寬永文化

德川家康在伏見開創德川幕府，在他擔任將軍的兩年期間，也一直留在伏見。然而，二代將軍的德川秀忠一直在江戶城，因此，相對於室町文化和桃山文化屬於公武融合，以江戶為中心的武家文化並沒有與京都的公家文化融合，另行發展。

武士離開之後的京都，開始朝向找回平安時代或更早之前文化的路邁進。另外，變得富饒的京都和大坂發展出的商人文化，也與宮中的文化相互影響。

◆日本主義的原點——寬永文化

寬永文化是從以德川秀忠女兒和子（東福門院）為中宮的後水尾上皇身邊開始發展，最具代表性的是由本阿彌光悅和原為和服商的尾形光琳擔任主要推手的「琳派」。他們熟悉和歌和高等宮廷文化，具備豐富的財力和學識。

《伊勢物語》和《源氏物語》的美學意識被認為是琳派的根基。由於是崇尚宮廷文化的大眾文化，因此結合了京都的生活文化。融合平安文化的典雅、室町文化的幽玄、桃山文化的奢華，並將其發揮到極致。

就好像是雛人形（人偶）的世界一般，繼承了祇園祭的屏風裝飾和風呂敷（布）等日本傳統，這個由庶民繼承宮廷文化並加以發揚光大的寬永文化，成為了日本主義的原點。商人文化影響宮廷文化這一點也很重要。名為「大垂髮」的橫向髮髻被認為是皇族女性獨特的髮型，但這其實是在商人之間流行的髮型，後來被宮廷採用。

●修學院離宮周邊地圖

無論如何，豐臣秀吉統一天下之後，宮廷和公家急速變得富足。尤其武家女兒嫁入公家或皇室的時候更是如此。淀殿的妹妹阿江在嫁給德川秀忠前曾與豐臣秀勝（豐臣秀次的弟弟）結婚，而淀殿收豐臣秀勝的女兒豐臣完子為養女，讓她帶著大筆嫁妝嫁到九條家。

東福門院的嫁妝更是驚人。與豐臣家不同，德川家的公武關係緊張，但到了德川家光時代，也因為尊重家光的姊姊東福門院，公武關係才趨於穩定。

◆布魯諾·陶德盛讚的桂離宮

之後介紹二條城的時候還會詳加說明，德川家光曾經二度上京，在二條城迎接後水尾天皇和同時也是自己外甥的明正天皇出巡。然而，由於四代將軍德川家綱年幼，因此是在江戶接受將軍宣詔，並沒有上京。就這樣，德川家不去京都，也不干涉朝廷，進入了奇妙的和平時代。

然而，幕府提供後水尾上皇和東福門院充足的金錢，讓兩人可以享受奢華的生活。1650年代，後水尾天皇在洛北（京都北部）興建了修學院離宮。以堰塞谷川製造的人工湖為中心，打造包含實際可以耕種的田地在內的立體庭園。

尾形光琳的和服店「雁金屋」負責打理東福門院的衣著，但在東福門院死後，和服店經營不善，尾形光琳也因過度放蕩而用光遺產，只能以藝術家的身分，靠繪畫維生。

德川幕府要求天皇和公家不得介入政治，專心於文化活動。另外，天皇後宮的大奧都是挑選公家的女兒作為正室、側室或大奧管理者，因此京都的流行都是透過大奧傳到江戶。

另一方面，後陽成天皇的弟弟，同時也曾是豐臣秀吉猶子的八條宮智仁親王，在1620年代在洛西建造了桂離宮。古書院、中書院、新御殿三棟數寄屋造式的書院、模仿《源氏物語》建造的回遊式庭園，另外還有月波樓、松琴亭、笑意軒等茶室，自從德國建築師布魯諾·陶德盛讚桂離宮的美兼具簡單和機能性，桂離宮獲得世界的肯定。

●皇室和德川氏的略系圖

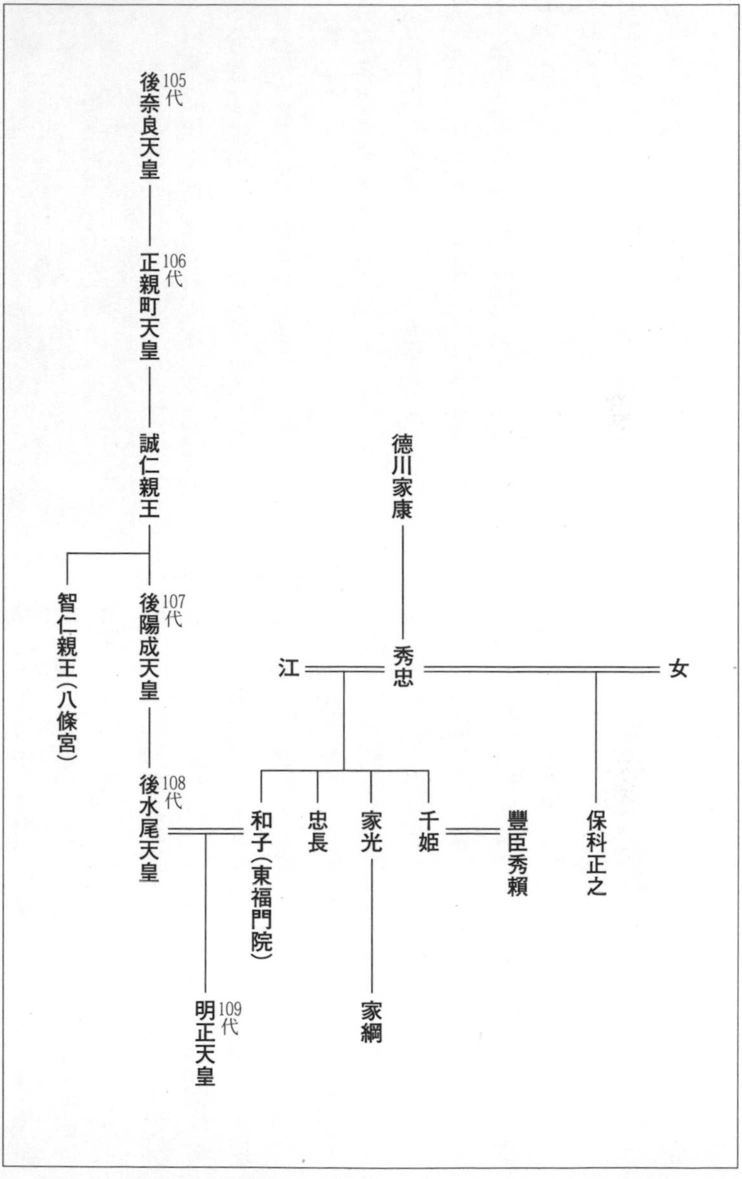

後奈良天皇 105代
正親町天皇 106代
誠仁親王
智仁親王（八條宮）
後陽成天皇 107代
後水尾天皇 108代
明正天皇 109代
德川家康
江
秀忠
女
和子（東福門院）
忠長
家光
千姬
豐臣秀賴
保科正之
家綱

13 有點令人意外的首都——名護屋和駿府

日本的歷史當中，有兩個令人意外的城市，分擔了部分的首都機能，那就是名護屋（佐賀縣）和駿府（靜岡縣）。

◆分布名護屋城下的展覽館？

不用說，名護屋就是文祿慶長之役時，豐臣秀吉當作出擊基地的地方。現在被佐賀縣唐津市合併，在此之前稱作呼子町。這裡也以烏賊料理出名。

這裡是從九州渡壱岐、對馬、朝鮮半島的最短距離，如果日韓隧道的計畫實現，那麼起點就會在這裡。現在也實際進行試挖。豐臣秀吉在小小的半島中央築城，周圍設置各大名的陣地。軍隊據說有三十萬，平常也有十萬駐軍。豐臣秀吉停留在這裡的時期，名護屋的確發揮了首都的機能。

名護屋城的建築物在一國一城令之下遭到破壞，幾乎沒有遺留下來。石垣中央部雖然有裂痕，但保留完整，被指定為特別史蹟。石垣的堆疊方式溫和，斜度不大。

名護屋城是作為攻擊前線的基地而興建，但沒有考慮到防禦，並沒有挖掘正式的壕溝。只有本丸才有山里丸等小曲輪（譯註：規劃有土壘、石牆、壕溝的防禦區）。然而，附近共有各大名的陣地約一百二十處，就好像是萬國博覽會上分散各地的展覽館，非常有趣。

◆豐臣秀吉遠征大陸有勇無謀？

屏風畫中的五層高天守閣雖然是總塗籠（譯註：除了屋頂之外，其他露出的地方都塗

●名護屋城周邊地圖

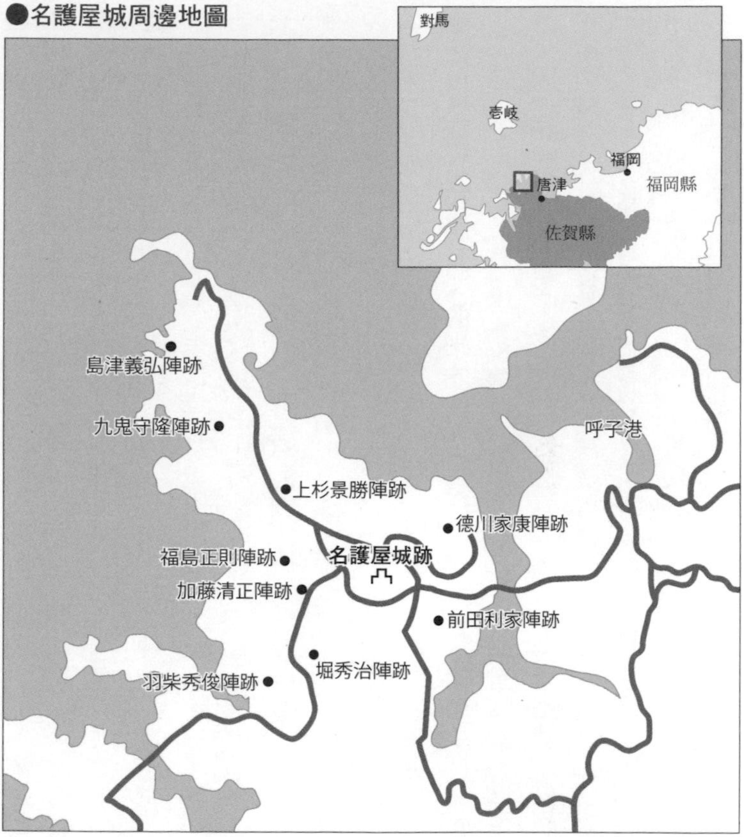

上白漆），但根據時代考證應該是貼壁板，但實際的狀況不明。名護屋城在豐臣秀吉死去、遠征軍回國後遭到廢除，移到了唐津城。戰爭中燒毀的仙台城大手門，據說是從名護屋城移過去，外觀非常豪華。

關於大陸遠征的動機，很多人認為是因為煩惱分給部下的領地不夠，但這並不是客觀的分析。當時，南蠻船已經開始出現在東亞，擴大國際通商範圍，但中國明朝依然故我，不接受除了朝貢貿易之外的任何形式，日本為了通商的自由而與明朝接觸。然而，日本的要求並不被明朝接受，豐臣秀吉才會認為，既然如此不如征服明朝，建立新的國際秩序。

然而，遠征大陸的準備不足，且豐臣秀吉的年紀過大。如果和幾乎同時代由伊莉莎白女王治下的英國一樣，拉攏如同倭寇的海賊，控制東海的霸權，確保大陸沿岸據點，再加上外交壓力，想必可以成功。

◆德川是因為駿府美味的米才住在這裡？

德川家康在把將軍之位讓給德川秀忠之後，居住在伏見約五年，1607（慶長12）年搬到駿府。這時，雖然也有人提議隔壁伊豆國的三島，但最後因為「幼少期至青年期都在這裡度過，好似故鄉一般」、「交通便利」、「米好吃」等理由，而決定搬到駿府。

駿河國的國府、中世的守護館、近世的城，以及現代的縣廳都幾乎位在同一個位置，這樣的例子非常少見。駿府原本是今川氏的根據地，今川義元之子今川氏真遭到武田信玄攻擊而逃亡，武田氏滅亡之後成為了德川家康所有。德川家康一開始以濱松為居城，在臣服於豐臣秀吉的時候搬到了駿府。

正因為這裡是德川家康的隱居地，因此駿府城是命令諸大名的「天下普請（譯註：幕府命令大名進行的土木工程建設）」下建造。天守閣由小堀遠州設計，各層磚瓦的顏色不同，非常華麗。低樓層設有欄杆，這應該是為了高齡且肥胖的德川家康而設計。配置單純，依序圍繞幾乎是正方形的本丸、二之丸、三之丸。看似簡單卻存在著些微的曲折和角度變化，其實在防禦方面下了很多功夫。東海道直直朝向駿府城，再向右迂迴。

●駿府城周邊地圖

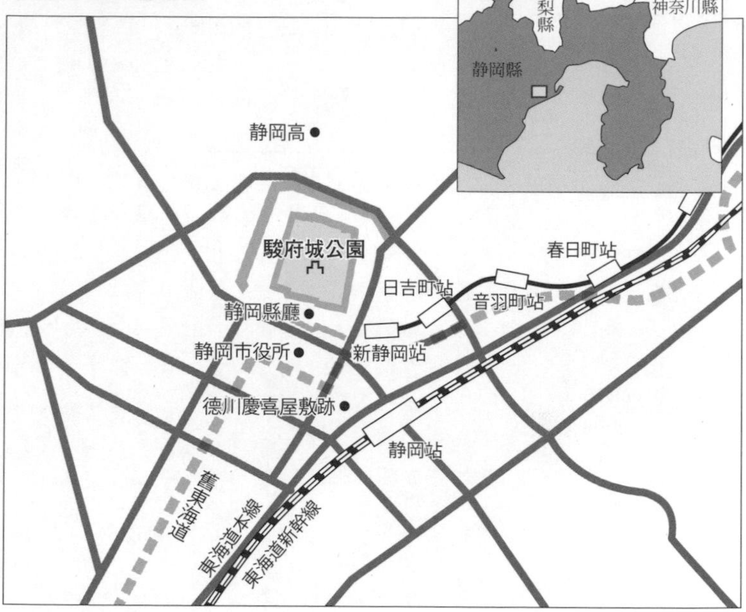

◆要求大坂城而遭到肅清的將軍弟

駿府城除了是德川家康的隱居城之外，他也與最喜歡的第十個兒子德川賴宣同住。但在家康死後，德川秀忠將弟弟賴宣趕到和歌山，把駿河給了自己的次子德川忠長。

年輕時不近女色的德川家光，一直無法誕下繼承人，因此由德川忠長繼位的可能性增加，參勤交替的大名們也會特地繞到駿河問安。然而，也許是這種環境讓德川忠長得意忘形，竟然不小心說出「想要大坂城」這樣的話，也因此遭到兄長德川家光的戒備。最終，德川忠長遭到肅清，幕府指派城代管理駿府。

駿府同時也是東海道的驛站，一般被稱為「府中」。維新後，德川宗家第十六代的德川家達入主這裡，從新政府領取

●德川氏略系圖（數字是將軍的代數。⑯代表第16代宗家）

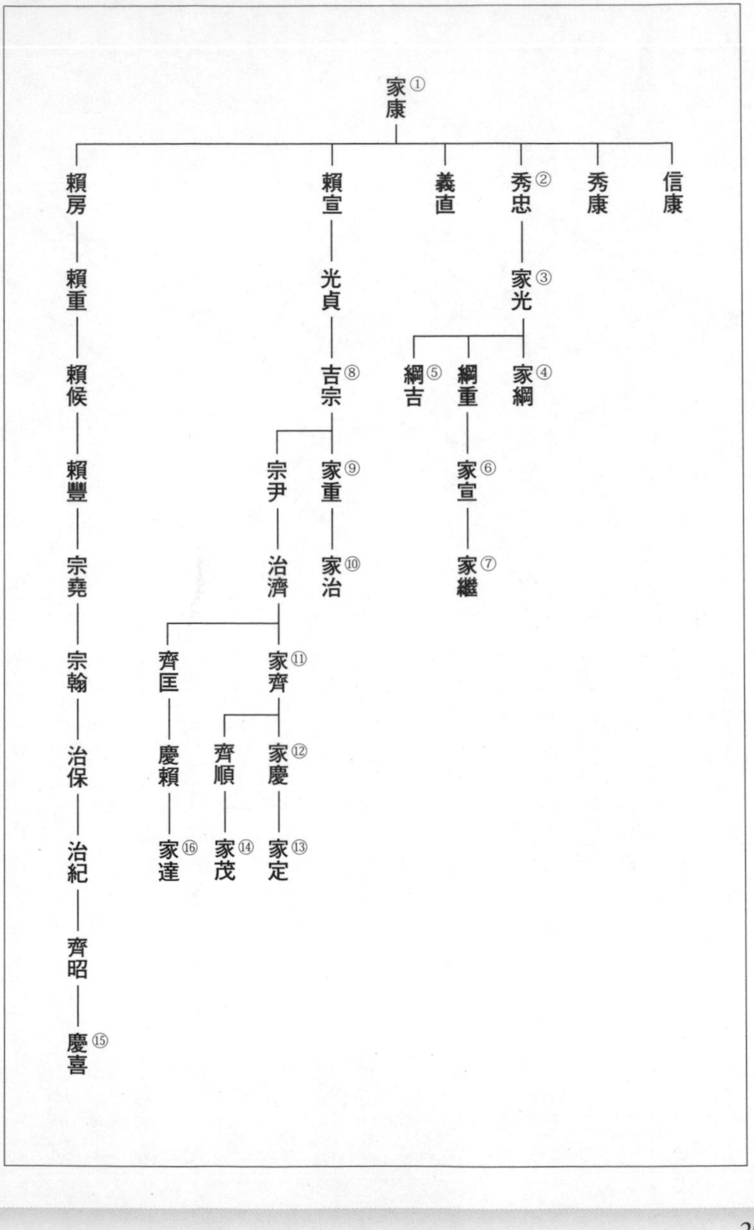

七十萬石。然而，由於「府中」的發音與「不忠」相同，因此改稱「靜岡」。

廢藩置縣後，德川家達搬到東京，但隱居的前將軍德川慶喜一直到1887（明治20）年為止都住在這裡，許多舊幕臣也繼續留在這裡。駿府城遺跡後來由陸軍使用，雖然填補了內側壕溝，但外側壕溝健在。另外，縣政府的一部分位於駿府城遺址，對面市公所的建築物讓人印象深刻。

●靜岡市公所

●靜岡縣政府

名產筆記

靜岡的名產包括安倍川餅和醃漬山葵。

世界的古都 ……………… 亞洲、南北非篇

●散發玫瑰香氣的伊斯法罕

中國最美的古都應該是南宋實際上的首都臨安，也就是現在的浙江省杭州。西湖的風景有如水墨畫一般美麗。過去的美國總統尼克森就是在這裡與毛澤東會談，這裡也同時是 2016 年 G 20 高峰會的舉辦地。洛陽和西安（長安）雖然也有遺跡，但現在感受不太到過去古都的氛圍。

在韓國，過去新羅的王都金城改名為慶州。這裡被認定為世界遺產，也正在進行風景的復原工程。在中亞，帖木兒的首都─烏茲別克的撒馬爾罕，因為藍天和磁磚的顏色而有「藍都」之稱，是過去絲路上的繁華都市。

在印度，建造泰姬瑪哈陵的蒙兀兒帝國，首都阿格拉是觀光勝地。在伊朗，在遷到德黑蘭之前的首都是散發玫瑰香氣的伊斯法罕，值得一看。三大宗教聖地之一的耶路撒冷，至今依舊是人們嚮往之地。

●與京都同為永恆之都的伊斯坦堡

土耳其最大城伊斯坦堡是東羅馬帝國和鄂圖曼帝國的首都。伊斯坦堡這麼長的時間都一直是首都，與京都不分軒輊。東羅馬帝國時代的聖蘇菲亞大教堂和鄂圖曼帝國的藍色清真寺值得一看。在北非，摩洛哥的非斯和馬拉喀什展現伊斯蘭文化的精華，治安也相對良好。

在美洲大陸，過去印加帝國的首都是祕魯的庫斯科。再往內陸前進，可以看到最受歡迎的世界遺產馬丘比丘。墨西哥城是阿茲特克帝國的首都，也是現在墨西哥的首都。多明尼加共和國的聖多明哥是哥倫布時代西班牙領地的中心，薩爾瓦多是巴西遷都里約熱內盧前的首都，現在登錄為世界遺產，備受矚目。

第5章

江戶三都和近代的古都

1 江戶和大名府邸

名為《德川實紀》的江戶幕府正史中記載，德川家康之所以會以江戶為居城，主要是因為豐臣秀吉的推薦。這種事情沒有造假的必要，因此想必是事實。

位於平原中心，丘陵地帶的前端向海突出，大河靜靜地流入海灣，這些條件都與大坂一模一樣，的確符合豐臣秀吉的喜好。德川家康本身並不喜歡海邊，濱松、駿府，以及他為了子孫選定的名古屋和高田（新潟縣上越市），全部都距離海有一段距離。德川家康似乎不喜歡將城郭放在發展中的商業城市裡。

因此，德川家康本身在江戶滯留的時間很短，把將軍之位讓給兒子德川秀忠之後，雖然指示秀忠留在江戶，但主要是因為他認為，必須像鎌倉幕府一般先確保關東，之後再向上方（譯註：京都和大坂一帶的畿內地區）推進的做法比較穩妥。

◆跨越兩國的「兩國橋」

現在的日比谷公園附近過去是海岸線，有一個小的海港，作為商業都市，蓬勃發展。追隨扇谷上杉氏的太田道灌之所以會在這裡築城，主要是為了與古河公方抗衡。以現在的隅田川為河口的利根川，對岸就是古河公方的勢力範圍。太田道灌上京時，足利八代將軍足利義政曾向他詢問江戶的樣子，他歌詠：「吾家是松樹茂盛的平原，近大海，從屋簷可見雄偉的富士山」。太田道灌的祖先與出身公家的上杉氏一起遷到畿內，在關東武士當中，屬於比較有教養的家族。太田道灌死後，江戶也依舊

●江戶的武家地

是南關東的主要城郭之一。

德川家康是於1590（天正18年。舊曆8月1日，因此是八月朔日）年進入江戶，開始築城並建設城下街道，其中最重要的是，現在的外堀和神田川是在四谷和御茶之水附近進行大規模開鑿而成。神田川過去名為平川，從飯田橋斜向流往日本橋附近。

另外，在過去是利根川的隅田川上，德川家康架起了千住大橋，兩國橋是明曆大火（1657年）之後所興建，兩國橋的名稱也是因為跨越武藏和下總（東京都、埼玉縣、千葉縣、茨城縣部分）兩國，因而得名。

◆做好防火的萬全準備卻還是被燒毀的江戶城天守閣

建設好的江戶卻在明曆的大火中幾乎全毀。之後進行大規模的都市改造計畫，御三家和加賀藩的府邸被移到郊外，分別是現在的防衛省（尾張）、赤坂御所（紀伊）、後樂園（水戶）、東京大學（加賀）。中心部的大寺院也被移到郊外。

另外，一般的大名擁有上府邸、中府邸、下府邸等多個府邸，上府邸位於中心部。

江戶城的天守閣由德川家康興建，德川秀忠和德川家光都分別重建，尤其是最後於寬永年間興建的天守閣，設計類似松本城（長野縣），是一個華麗且高達六十公尺的大建築。牆壁由銅板包覆，對於火災做好了萬全的準備。然而，明曆大火的時候，火從開著的窗戶竄入，也因此被燒毀。原本預計重建，但在輔佐四代將軍德川家綱的保科正之的反對之下作罷。

現在的皇居之美來自於土壘、石垣、綠色的松樹之間的調和。關東的城郭不像西日本，少用花崗岩等石材，因此是以土壘為主。江戶城在土壘上還堆有少許的石垣。千鳥淵周邊的風景就是如此，與西日本的城郭展現不同的風味。另外，由於土坪被颱風吹倒，因此這附近的松樹比較多。

現在的皇居是退位將軍大御所和將軍繼承人居住的舊西之丸遺址。皇居前廣場原本有許多譜代大名（譯註：關原之戰前就一直追隨德

●江戶城略地圖

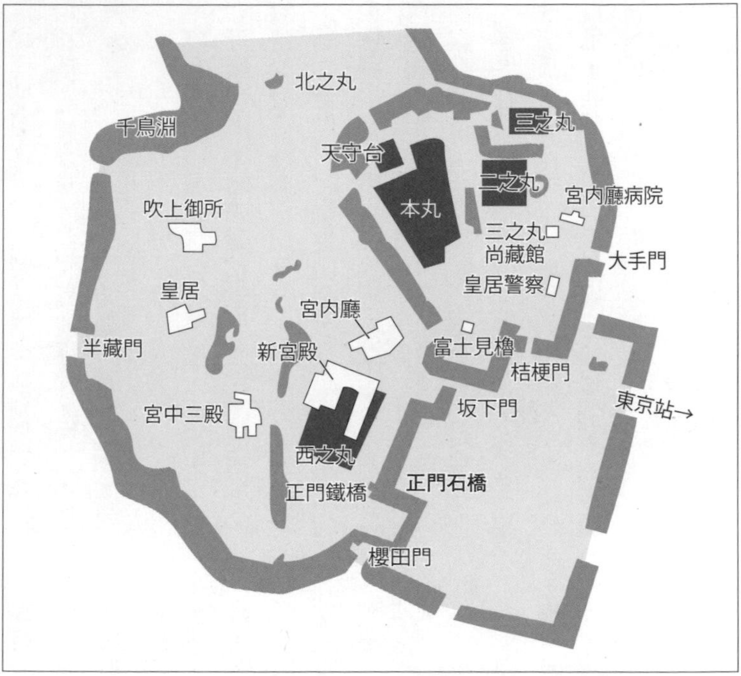

川家的大名）的府邸，明治之後為了方便閱兵，而變成現在的樣子。

名產筆記

東京出名的是壽司、天婦羅、蕎麥麵等類似速食的美食。從來沒有聽過所謂的大奧料理。看來，將軍們並沒有享受什麼美食。

2 大坂城和天下的廚房

自從遷都山城國之後，難波大幅衰退，僅是熊野參拜途中的中繼站。從西國街道南下，在渡邊的渡口橫渡淀川河口，朝熊野前進。紀貫之的《土佐日記》也記載，從土佐回京都的路上經過難波，乘舟渡淀川，從山崎（京都府）上陸後再往京都前進。

讓這個地方起死回生的人首先是蓮如上人。蓮如在難波設置御坊，之後的1532（享祿5／天文元）年，被驅逐到山科（京都市）的証如上人建造了石山本願寺。這個石山本願寺後來成為豐臣秀吉的大坂城。

◆秀吉時代的黑色天守閣和真田丸

現在的大阪城由德川家重建，在秀吉城郭的基礎之上興建而成。秀吉時代的大坂城，其石垣和建築物都比現在小。石垣的堆疊方式也不是像現在一般的大石塊，而是用小塊的天然石堆疊而成。

然而，建築物的外觀完全不合格。黑田家收藏的〈大坂夏之陣圖屏風〉詳細描繪了城內的樣子。當時的建築物並不像現在塗上白漆，而是使用黑色的木板。

本丸當中有一間千張塌塌米大小的房間，用來迎接中國的使臣，西之丸則有德川家康所建、四層高的第二天守閣。防守薄弱的南側挖有空堀（譯註：不放水的壕溝），現在也留下空堀町這個地名。另外，這個空堀的南邊是真田幸村（信繁）為了大坂冬之陣而興建的城郭——「真田丸」。

●德川時代和豐臣時代的大坂城天守閣

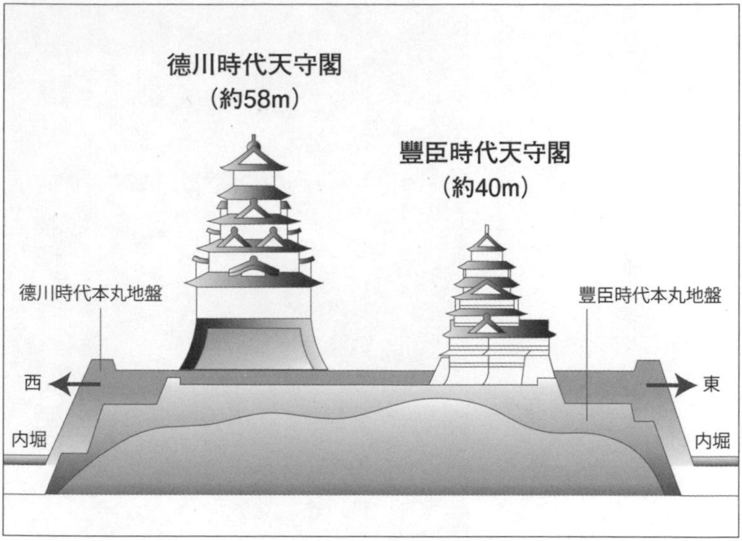

大川（舊淀川本流）的北側是天滿城鎮，有人說，豐臣秀吉原本打算將皇居遷到這裡。

◆支撐天下第一商業都市的運河和橋

豐臣秀吉之所以是大阪的恩人，並不僅僅是因為他興建了大坂城。如伏見的章節所述，豐臣秀吉同時整頓了淀川水系，成為了水運的大動脈。

尤其是截取流入巨椋池的宇治川，讓大型船隻可以通行至伏見，且宇治川在流入大阪府之後也加強河堤防護，穩定流量，減少洪水的危機。

大阪也曾被稱為是「東洋的威尼斯」，也如同「八百八橋」的說法一樣，有無數的運河和橋。當中又以流貫船場東西的東橫堀川和西橫堀川，以及流貫心齋橋和難波的道頓堀最為有名。大阪的港灣機能因此強化，作為商業都

●現在的大阪城天守閣

市蓬勃發展，在江戶時代甚至有「天下廚房」之稱。

◆大阪的恩人是二代將軍德川秀忠？

大坂夏之陣結束後，德川家康交給孫子松平忠明十萬石，命他復興大坂。然而，德川家康是否有意把這裡改成如小田原般的地方性城鎮就不得而知。

德川家康死後，德川秀忠廢伏見城，重建大坂城，並決定將這裡打造成西日本的統治中心。在這一層的意義上，大阪人應該視德川秀忠為恩人。

另外，在經濟方面，德川幕府給予浪速商人特權，採取大坂集中策略。大坂因為這項政策而蓬勃發展，元祿文化就是以大坂為中心發展出來的文化。近松門左衛門和井原西鶴便是這個時代的人。

然而，到了江戶時代後半，西國群雄紛紛成功自立，大坂的經濟地位也因此下滑。

◆「去蕪存菁」的華麗天守閣

開國後，蒸汽船連結江戶和上方，從江戶

由海路前往京都時會經過大坂，大坂也因此突然受到矚目。十四代將軍德川家茂二次上京的時候，都先進入大坂。

●豐臣時期的大坂城推定地圖

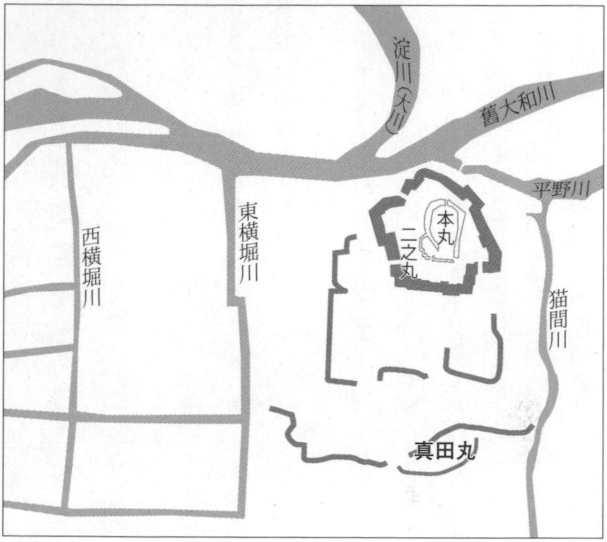

第二次征長戰爭的時候，將軍德川家茂在大坂城負責指揮，也在這裡死去。最後的將軍德川慶喜以二條城為主，在王政復古後離開大坂城，希望可以捲土重來。會津藩等強硬派發動了鳥羽伏見之戰，但被官軍擊敗，德川慶喜則逃回江戶。

大坂城曾經三次興建天守閣。分別是豐臣秀吉、德川秀忠，以及昭和天皇即位紀念時興建的鋼筋混凝土材質天守閣。德川時代在天守台上，以豐臣時代的設計為基礎，牆壁則採取德川風格漆成白色。從歷史考證的角度上來說很奇怪，但既清純又華麗的「去蕪存菁」式建築，也別有一番風味。之後成為復原天守閣的規範，可說是昭和的名建築。

3 漫步幕末的京都

1863（文久3）年3月，征夷大將軍德川家茂上京。距離德川家光第二次上京，竟然睽違二百二十九年。

◆對將軍大吼大叫的長州風雲人物

德川家茂一開始打算乘蒸汽船經由大坂前往京都，但在十三代將軍德川家定的未亡人篤姬（天璋院）的反對之下改由陸路前往。孝明天皇無論如何都想實行攘夷，因此前往下鴨神社和上賀茂神社祈願參拜，也命德川家茂一同前往。

此舉同時也是為了展示將軍說到底不過是天皇臣子。這時，在上賀茂神社待命的長州高山晉作對著將軍大吼：「喂！征夷大將軍」，但喪失權威的幕府卻完全沒有能力究責。

另外，為了祈願攘夷，天皇同時參拜軍神石清水八幡，將軍原本也應該同行，但德川家茂裝病，於是改由一橋慶喜代為前往。然而，一橋慶喜也在山腳的八幡裝病，避免向神明發誓不可能實現的攘夷。幸好，這三個神社至今依舊維持當時的樣貌，可供人們追憶當時的情景。

◆德川慶喜使用的若狹藩主邸

這時，德川家茂原本打算立刻返回江戶，但朝廷卻不肯輕易放人。為此，老中小笠原從江戶率兵從大坂上陸恫嚇，家茂才好不容易在三個月後啟程返回江戶。

然而，翌年1月，家茂再度上京，在京都滯留了五個月的時間。翌1866（慶應2）

●幕末的京都周邊地圖

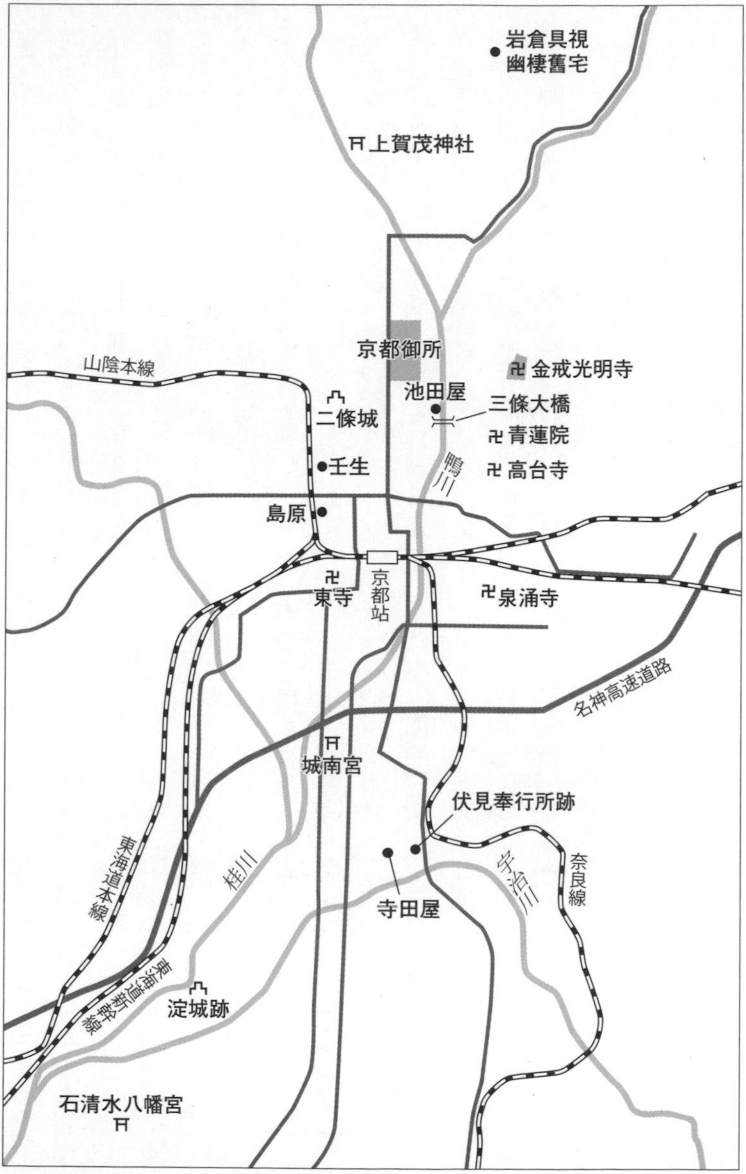
岩倉具視
幽棲舊宅
上賀茂神社
京都御所
金戒光明寺
山陰本線
池田屋
三條大橋
二條城
青蓮院
壬生
高台寺
鴨川
島原
東寺
京都站
泉涌寺
名神高速道路
城南宮
伏見奉行所跡
東海道本線
桂川
宇治川
奈良線
寺田屋
東海道新幹線
淀城跡
石清水八幡宮

年，家茂在大坂指揮第二次征長戰爭，同年7月，因腳氣病死去，當時的他才剛滿二十歲。

後繼的將軍由滯留在京都的一橋慶喜接任。由於擔任京都所司代的若狹藩主在京都的府邸設備完善，因此慶喜在京都的時候主要使用這個府邸，一直到10月大政奉還的前一個月，才終於回到將軍的居城二條城。

◆明治天皇的老家原本是一般的民房

關於這時候的京都市內，豐臣秀吉建設的御土居建在，圍出一個大致的輪廓。然而，從鴨川旁府立醫科大學至六條附近的土壘被拆除。有了鴨川就不需要土壘，所以才慢慢被拆除。

當時的御所也不像現在的「京都御苑」被寬廣的道路和圍牆包圍，過去僅是由公家的府邸包圍。例如，現在面丸太町通、類似於御苑正門的堺町御門過去就是夾著九條家和鷹司家，御所東側的狹小道路上過去也有十幾間小的公家府邸並排。

明治天皇母親的娘家中山家位於今出川御門附近，是一間一百坪左右的一般民房。

◆池田屋事件的遺跡現在是居酒屋

幕末，各藩在京都都有藩邸。長州藩邸位於現在的京都大倉飯店，也因此在河原町上設有桂小五郎的銅像。薩摩藩邸原本靠近四條的大丸，幕末時遷到現在同志社大學的校區內。

土佐藩邸位於木屋町蛸藥師附近的舊立誠小學，坂馬龍馬就是在西側河原町通（當時的道路狹窄，東側步道就是當時的遺跡）對面的近江屋遭到襲擊喪命。

會津藩以岡崎公園東北黑谷的金戒光明寺為屯所，這裡有大的石階，經常成為電影的拍

●幕末京都中心部的藩邸

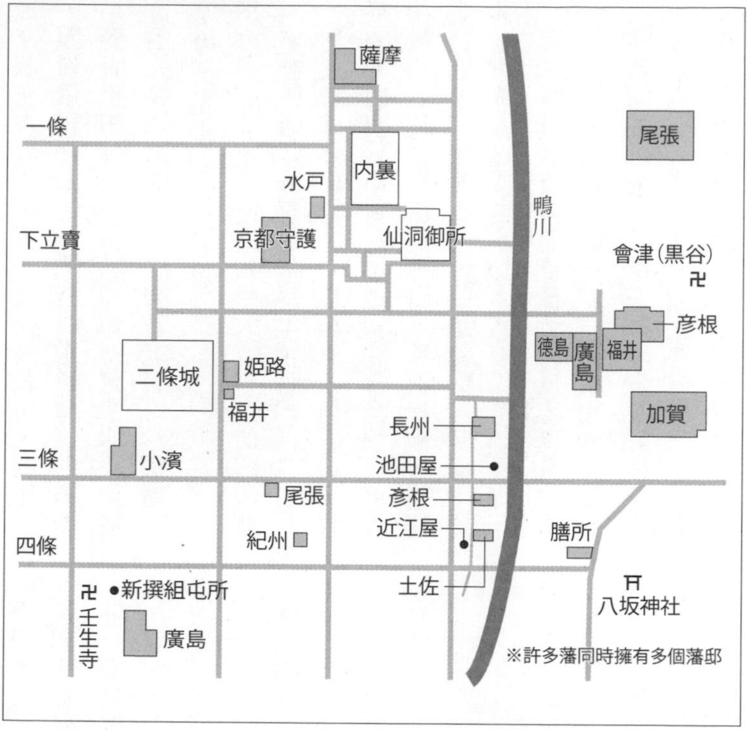

攝地。另外，擔任京都守護職的會津藩，在現在京都府廳占地內設有守護職的府邸。

隸屬於會津藩的新撰組以四條往西的壬生寺附近為大本營。當中的八木家作為與新撰組淵源深厚的建築而出名。

大政奉還的舞台是二條城國寶的二之丸御殿。當時的日本和西洋不同，並沒有演說的習慣，因此慶喜的發言由他人代讀，而慶喜自己和諸大名一起聆聽，慶喜並沒有親自發表演說。

王政復古是在御所一個名為「小御所」的建築物舉行，當時的建築物於二次世界大戰後燒毀，現在的建築物是後來重建而成。

因新撰組虐殺志士們的「池田屋事件」而出名的「池田屋」，位於河原町通和木屋町通之間的三條通北側，現在成為冠有「池田屋」名字的居酒屋。

◆「經營之神」整理荒廢的志士墓

對於會津藩而言，新撰組的價值在於可以用便宜的報酬從事奉行所或會津藩自己不能做的拷問、不符合程序的搜查、不經過調查當場斬殺疑犯等違法搜查。也就是警察臨時雇用黑道幫他們辦事的意思。

可以充分感受隊員們飲酒作樂氛圍的是島原。位於JR嵯峨野線丹波口車站東南附近。

京都東山的靈山一帶有坂本龍馬和木戶孝允等志士們的墓，原本由國家管理，戰後荒廢。為此，松下電器的松下幸之助以「身為一個日本人，無法眼看著志士們的墓遭到荒廢。我們必須學習先知們的精神，建構更美好的日本，這才是最重要的事」為由，成立「靈山顯彰會」，打造史蹟公園「維新之道」。這裡現在還開設了展示幕末維新史資料和文獻的「幕末維新博物館『靈山歷史館』」。

4 現在的京都御所已不再是過去的御所

京都人經常說：「明治天皇去東京的時候只是說『去去就回』，總有一天會回來」，但這只是天皇對於遷都的含蓄說法。

的確，並沒有正式發表遷都東京的宣言。對於京都人而言，天皇最後發表的是「西還延期宣言」。然而，如果追究事情的經過，那麼1883（明治16）年確定有條件遷都東京，這才是正確的看法。

也就是說，政府非常煩惱遷都東京之後該如何處置京都。當時也有人提出，撤除無用武之地的御所，將土地當作農田販賣。

明治天皇在孝明天皇十年祭出巡時，就非常憂心「廢墮之狀」。另外，新政府最有實力的右大臣岩倉具視於1883年提出「有關京都皇宮保存意見書」，建議「維持宮闕，為了挽回衰微的民間事業，興諸禮式，設法讓他國的士民出入此地」。受到這個動向的影響，同年天皇下詔裁定：「即位禮和大嘗祭等盛大的儀式應於京都御所舉行」。1889（明治22）年制定的「皇室典範」中清楚規定：「即位禮及大嘗祭於京都舉行」。

於是，京都御所和大宮御所（以及鄰接的仙洞御所跡庭園）、桂離宮、修學院離宮、二條離宮（二條城。後來賜給了京都市）得以保留下來。另外，京都御所和大宮御所附近的公家府邸拆除，改建為公園。

公家府邸拆除後保留空地，主要是考慮到即位禮時儀隊要有地方排列，這與東京皇居前廣場的用意相同。

◆即位的御大典一定要在京都御所舉行

大正和昭和的即位御大典在京都御所盛大舉行。然而，二次世界大戰後，皇室典範經過修改，在京都舉行的御大典遭到刪除。與其說是取消在京都舉行御大典，更應該說是無法決定是否要用傳統的形式舉行御大典。

●京都迎賓館

平成的御大典沒有太大的爭議，用傳統的方式舉行，只是將場所移到東京。對於京都來說，這可算是第二次遷都。另外，如果不舉行御大典的話，那麼就沒有必要維持京都御所除了文化財產之外的價值，因此，非常希望即位的御大典能改回在京都舉行。

高御座（玉座）當然是位於京都御所紫宸殿。平成的御大典時，用直升機將高御座運到東京，之後再運回去。在此之前，御所僅春秋開放參觀，現在正在討論是否全年開放。

◆接待各國首腦的京都迎賓館

另外，京都御苑裡面設有京都迎賓館。因為需要日式的迎賓館，於是在2005（平成17）年開幕，成為各國首腦的下榻地和重要的會議場地。另一方面，兩陛下在京都下榻的是大宮御所，但已經非常老舊，雖然加強了防震工程，但還是需要徹底的維修。

總而言之，現狀的京都御苑沒有獲得充分

●江戶時代的京都御苑

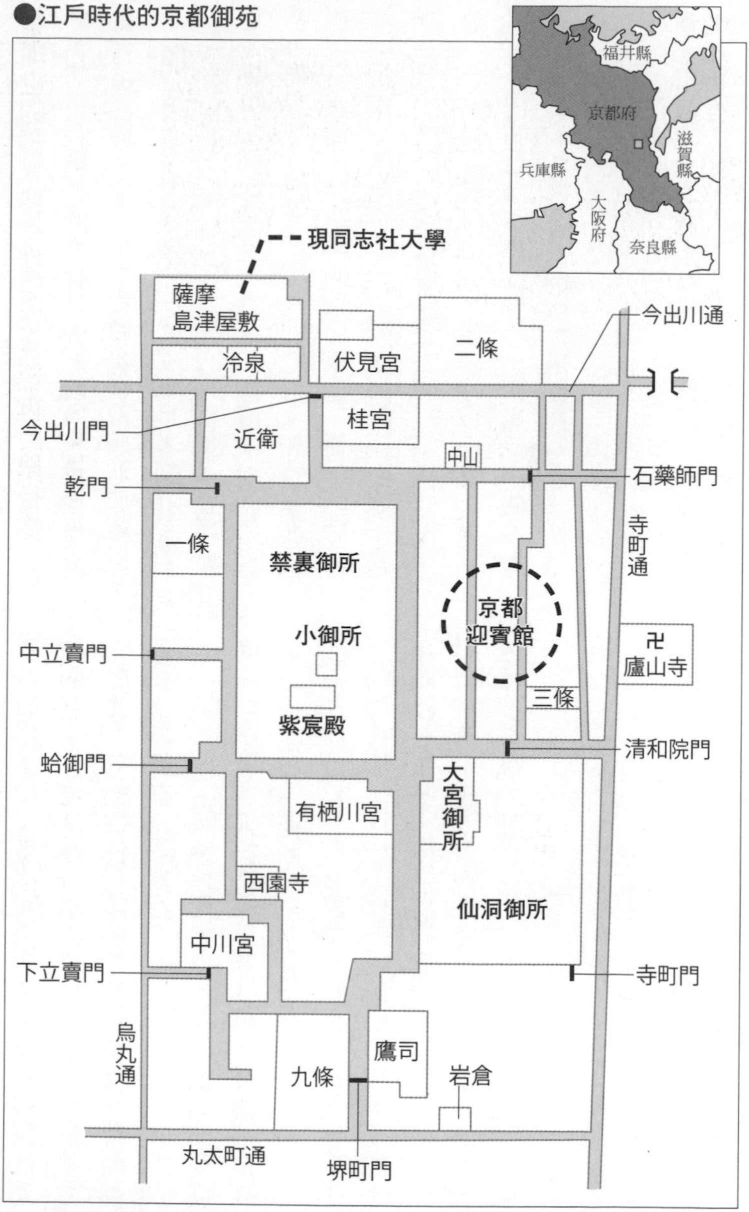
福井縣
京都府
滋賀縣
兵庫縣
大阪府
奈良縣
現同志社大學
薩摩
島津屋敷
冷泉
伏見宮
二條
今出川通
今出川門
近衛
桂宮
中山
乾門
石藥師門
一條
禁裏御所
寺町通
京都
迎賓館
小御所
卍
廬山寺
中立賣門
紫宸殿
三條
清和院門
蛤御門
大宮御所
有栖川宮
西園寺
仙洞御所
中川宮
下立賣門
寺町門
烏丸通
鷹司
九條
岩倉
丸太町通
堺町門

利用，主要目的也已經不是為了舉行即位御大典，非常可惜。好不容易由宮內廳和環境省負責管理，應該要進一步思考京都御苑的用途。

另外，全國其他城郭的遺跡也相同，這裡又不是神社，到處都是茂密的大樹，非常奇怪。就算是從保護歷史景觀的角度來看，這裡都不應該是大樹茂密生長的地方。無論是從景觀復原或是保存遺跡的角度來看，樹木的數量都應該和皇居差不多，不能有太多的樹木，我認為這一點應該要進行修整。

公家府邸遭到拆除，幾乎沒有保存下來，但御苑內的九條家和位於今出川通北側的冷泉家，還有二條城本丸御殿都是從桂宮邸移建過來。

◆都市傳說？「鰻魚管」之謎

貴族們離開之後，京都的主角就是一般民眾。他們工作和生活的場所被稱為「町家」。正面寬十公尺，深三十公尺左右，是標準的「鰻魚管」式店鋪兼住宅，最近改建為餐廳，非常受到歡迎。

這是為了有效利用土地，在狹小的面積提高人口密度，這也是每一個城鎮共通的都市計畫，據說過去是以正面寬度作為收稅的標準。

然而，京都的町家幾乎都是建於明治後半至昭和初期。江戶時代的町家由於經濟能力不佳而沒有傳承下來，就算有，水準也不高。和服和日常用品等，和風文化的黃金期要到明治之後才來臨。

5 近代京都的變化和國際觀光都市

隨著遷都東京，繼承朝廷和幕府機能的太政官、皇室以及公家們也轉移到東京，京都市的人口從約三十萬人減少至二十四萬人。

然而，由於明治政府也致力於不讓京都衰退，因此在日本近代化的過程當中，京都在各個層面上都算得上是先驅者。

◆分隔「洛中」和「洛外」的是什麼？

分隔洛中洛外（譯註：舊京都市區和郊外）的御土居幾乎全部遭到拆除，取而代之成為京都外環的是路面電車。尤其是北大路、東大路、西大路，以及相當於南大路的九條通都有路面電車通行，扮演環狀線的角色。

北大路線於1934（昭和9）年全線開通，九條線於1939（昭和14）年開通，東大路線和西大路線則於1943（昭和18）年開通。

這個環狀線的外圍是大部分京都人認知的「舊市區（洛中）」。何時編入京都市？這個「時期」是決定現代對洛中洛外範圍認知的主因。

1889（明治22）年制定市町村制度以來，北部雖然在御土居裡面，但並沒有被列入京都市，西院等JR山陰線西側或京都車站附近，也屬於京都市外。

另一方面，鴨川東邊也同樣，東山西麓和京都大學附近也沒有列入京都市內。御土居內側的大部分地區和下鴨、衣笠、田中、白川、鳥羽、深草都在1918年前合併。這些幾乎都是路面電車會經過的地區，屬於舊市區。

◆過去的路面電車縱橫奔馳的京都市街

到了1931（昭和6）年，包括伏見市在內，山科、醍醐、太秦、嵯峨、松尾等併入京都市。八瀨、大原、岩倉、淀等地也被吸收，平成後，丹波的京北町也被合併。

烏丸、河原町、四條、七條、丸太町、今出川是路面電車的主要幹線，這些道路也因此變得寬敞。另外，戰時為了預防災害，於是拓寬御池、五條、堀川等道路，國道1號線也在跨越逢坂山後進入五條，從堀川通左轉後便可以通往大阪。同時，沿堀川通往西是舊山陰道的國號9號線。

京都車站位於七條和八條之間，幾乎位於舊市區的南端。這附近在車站剛開的時候，由於沒有東山隧道，如果要往大津方面前進，必須先從現在的JR奈良線南下，行走現在的名神高速公路附近。

現在的車站是為了紀念遷都平安一千二百年興建的巨大建築物，在世界鐵路車站中與米蘭中央車站並列，是最具歷史意義的車站。

◆開鑿引水打造出的南禪寺邸宅街

對於明治的京都構造影響最大的就是琵琶湖的開鑿引水。因為這條疏水道，才能確保上水道的水源。當初也用來當作船隻通行的交通道，另外也導入水力發電。

當初的計畫是將這條疏水道當作哲學之道的支線，以水車當作工業動力。然而，這個計畫終止，用疏水道的水豐富南禪寺附近的水源，也因此開發出了邸宅街。當中，山縣有朋的別墅無鄰菴啟用名為小川治兵衛的造景師，從他在歐洲看到的英國式庭園獲得啟發，打造出完全跳脫中國影響的日式庭園。平安神宮背後的庭園也是小川治兵衛的傑作。另外，雖然

●京都市路面電車路線圖（1961年3月31日當時）

沒有對外開放，但野村別邸被認為是小川治兵衛的最高傑作。

平安神宮是在平安建都一千一百年時創建，祭祀桓武天皇。1940（昭和15）年追加祭祀孝明天皇。拜殿是以8分之5的規模重現於1072（延久4）年建立、1177（安元3／治承元元）年的大火中燒毀的平安京第三次大極殿。

◆值得推薦的賞櫻勝地

——原谷苑

沒有任何一個城市比京都更多彩，充滿許多的祭

●南禪寺別墅群地圖

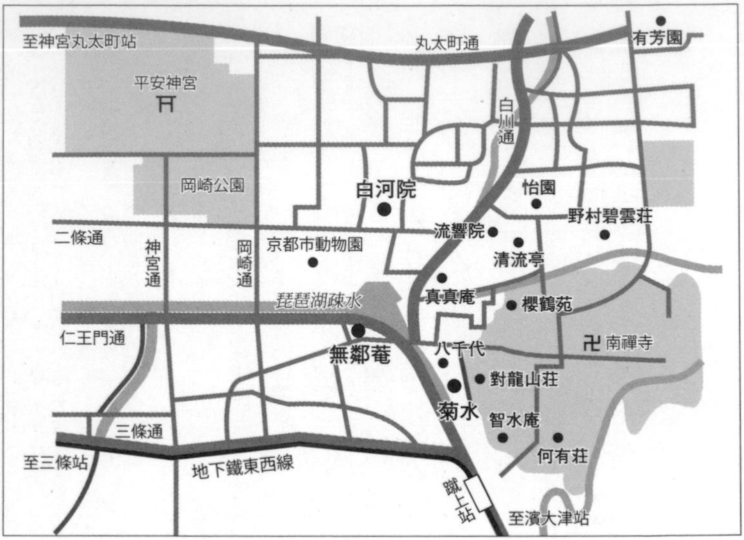

典、季節性花朵，以及楓葉。祭典當中，5月的葵祭、7月的祇園祭、10月的時代祭並稱三大祭典。另外還有8月的大文字（五山送火）。但大文字過於仰仗自己的名聲而掉以輕心，觀光客並不多。葵祭的觀光客也大約只有兩萬人。然而，仔細觀察講究的服裝等，也別有一番樂趣。

櫻花和楓葉已經在世界上獲得好評。賞櫻勝地包括平野神社、圓山公園、平安神宮、賀茂川、高野川河堤、疏水等，不勝枚舉。東福寺、永觀堂、高雄神護寺則是三大賞楓勝地。如果前往滋賀縣，則三井寺的櫻花、日吉大社的楓葉也很有名。其他還有其他的新勝地。櫻花的話可以前往位於金閣寺後山、名為原谷苑的地方，楓葉的話，我則特別推薦位於近江八幡市觀音寺城趾山腳的教林坊。在面積不大的土地上種了滿滿的櫻花和楓葉，令人印象深刻。

6 遷都東京後的江戶城和皇居

所謂的「王政復古」指的是幕府和攝關制兩者的體制解體，在天皇之下建設近代國家，關於首都的位置也有許多不同的提案。

王政復古翌月的1868（慶應4）年1月，大久保利通提出「大坂遷都建白書」，建議：「為了不分上下、集合全體國民之力打造新的國家，天皇不能躲在簾後，只接見少數的殿上人。過去仁德天皇的時候，皇室和國民之間的距離應該更近。為了確立身為國民父母的皇室，必須要遷都。從與國外的交際、富國強兵等觀點來看，地點只能是浪速」。

◆考慮東日本而選擇遷都東京

大坂是仁德天皇的故鄉，這也為遷都浪速提供了正當性。如果江戶幕府還存在的話，也很有可能將幕府搬到大坂，因此正常來說，大坂的確是最有力的首都候選地。

然而，公家當中有人擔心，會不會重蹈以西國為地盤的平清盛遷都福原（神戶），脅持安德天皇前往屋島和太宰府的覆轍。

最後達成協議：「為了平定關東，以『御駕親征』的名目，暫時移到大坂，之後再視情況而定」。從京都到江戶多半都是從大坂乘蒸汽船前往，因此為了東征而遷到大坂，也是合理的選擇。這時天皇大約在大坂停留了四十天，但在江戶開城後，天皇又再度回到京都。

之後，雖然也有人提出東西二都論，但戊辰戰爭爆發後，東國的情勢緊張，為了確實拿下東日本，展現不會把江戶城還給德川家的決心，天皇於是決定東巡（巡視東京），7月17日宣布「御駕東遷」，表示「江戶為東國第一要地，今起該稱東京，親赴該地視察政務。代表國內一家親，平等對待東日本和西日本」。

◆虛構的東京遷都秘辛

9月20日，天皇在二千三百名士兵的護衛下，從御所的建禮門出發，10月13日進入江戶城，改稱東京城。戊辰戰爭最終由官軍獲勝，天皇於是準備回到京都。然而，三條實美主張：「天皇若回京都則回失去關東的人心。京都、大坂的人們也許會記恨新政府，但這片土地數千年以來一直受到皇室的恩澤，因此不需要擔心。但關東自古以來受到皇室的恩澤少，如果天皇回到京都，則後果不堪設想」。

話雖如此，但原本就安排了孝明天皇的三年祭和立后儀式，於是天皇在12月時暫且回到京都。京都內的討論激烈，三條以「若不再度東巡，則東國會發生動亂」為由，強行做出結論，1869（明治2）年3月7日，天皇再度從京都出發，3月28日進入東京，將太政官（譯註：日本過去最高的政府機關）移到這裡。

司馬遼太郎的短篇〈江戶遷都秘辛〉中寫道：「京都的大久保利通府邸收到一封署名江戶寒士前島來輔（後來的前島密）的投書，大久保利通深受感動，於是決定遷都江戶」。這一段紀載有如史實般廣為流傳，但完全是虛構，甚至司馬遼太郎自己都說：「如果這是事實，那也太浪漫了」。這個投書與討論是否遷都江戶的時期有很大一段差距。

◆和洋折衷樣式的明治宮殿

江戶城內將軍原本居住的本丸御殿於1863（文久3）年燒毀，德川家茂於是住在西之丸御殿（慶喜從未以將軍的身分住過江戶城），之後成為明治天皇的居所。

然而，1873（明治6）年，西之丸御殿也被燒毀，於是以赤坂離宮（舊紀伊藩邸）為臨時的皇居，1879（明治12）年，在西之丸興建了被稱為明治宮殿的皇居。外觀雖然是紫宸殿風格，但內部是西式裝潢。

●皇居二重橋和天守台

明治宮殿也在二戰中燒毀，天皇後來住在改建為防空洞的御文庫，宮內廳內設有臨時宮殿，1961（昭和36）年於吹上地區興建的吹上御所完工，成為天皇的住居。1968（昭和43）年，在明治宮殿遺址完成興建新的宮殿。

昭和天皇駕崩之後，吹上御所成為香淳皇太后（昭和天皇的皇后）的居所，改稱吹上大宮御所，後來又成為今上天皇的居所，改稱赤坂御所（現在的東宮御所）。1993（平成5）年在吹上地區興建了新的御所。

◆首相主辦的賞櫻會在新宿御苑舉行

赤坂御用地除了東宮御所之外，也是常陸宮（譯註：今上天皇的弟弟、正仁親王的宮

●大手門

號）之外的宮家的居住地，在御苑也經常舉辦園遊會。

另外，東北部獨立出來當作迎賓館使用。迎賓館原本預計用來當作東宮御所，而於1909（明治42）年由片山東熊設計建造，屬於新巴洛克建築，1974（昭和49）年經過整修後成為迎賓館。

另外，新宿御苑是由環境省管轄的公園，大正天皇和昭和天皇的大葬在這裡舉行，首相也會在這裡舉辦賞櫻大會。

●歷代天皇略系圖（108代～今上天皇）

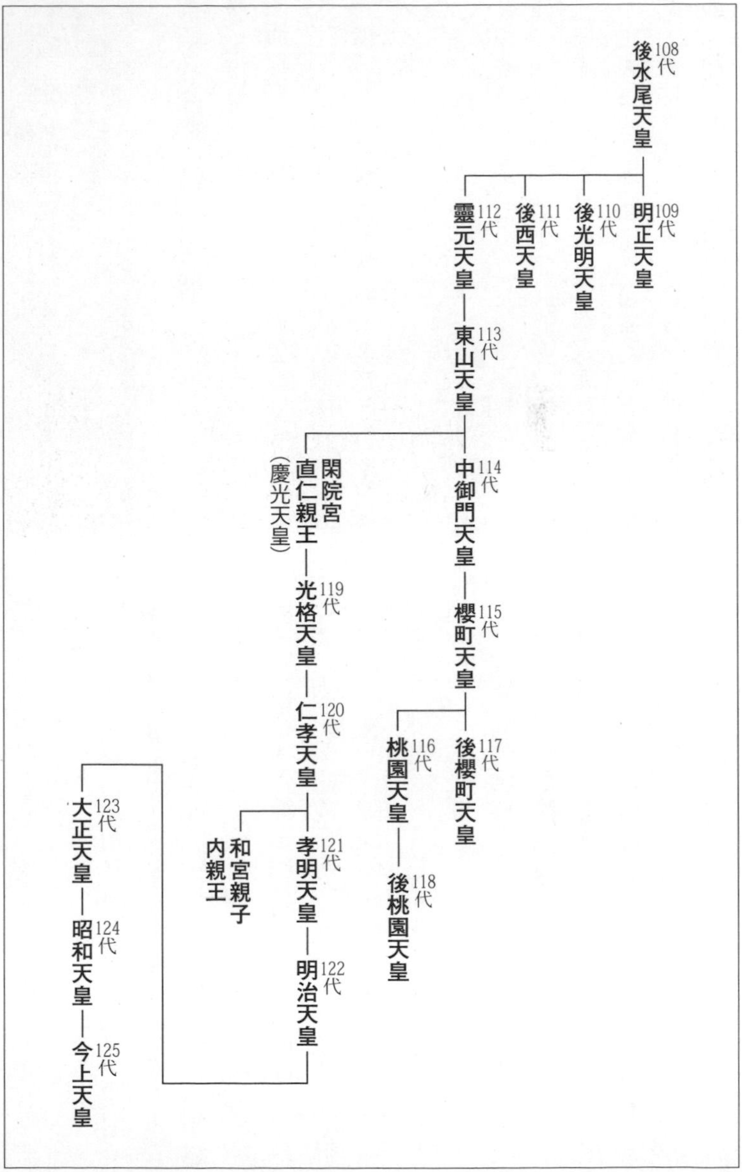

7 帝都東京和保存至今的名建築

西鄉隆盛和盛海舟的會談成功，江戶城不流血開城，過去大名們的府邸成為了官廳（政府機關）。然而，由於過於分散，於是在1870（明治3）年，計畫在原本江戶城本丸的舊址興建官廳街。然而，因為地基不夠穩固而放棄。

之後，致力於修正不平等條約的外務大臣井上馨推動歐化政策，1883（明治16）年興建了由喬賽亞・康德設計的鹿鳴館。井上也委託德國技師柏克曼規劃首都改造計畫。

柏克曼規劃在新橋和有樂町之間設置東京車站，從那裡為起點，以通往現在法務省和東京地方裁判所之間的道路為中軸線，打造類似於巴黎的宏偉都市。然而，由於過於奢侈，最終選擇放棄。

◆找回建築當初之美的法務省

到了1888（明治21）年，出身長州藩的官僚山尾庸三提議，在日比谷練兵場的舊址興建官廳街。然而，由於當中靠海的部分地基過軟，因此改建成日比谷公園，在法務省附近和通往國會的丘陵地區打造官廳街，出現了現在霞關（譯註：現在日本主要中央行政機關聚集的地方）的雛型。

關於國會議事堂，當初就預想蓋在現在的位置，但首先在現在的經濟產業省所在地設置了臨時議事堂。這個議事堂曾二度被燒毀，但在1936（昭和11）年現在的國會議事堂完成之前，一直都在這個地方。

各省廳舍的建築經過多次改建，感受不出

原本的樣子。但1886（明治19）年由德國技師安德和柏克曼設計的新巴洛克樣式的法務省於1995（平成7）年改建，找回當時磚瓦建築的樣貌，被指定為重要文化財。

◆原本是郡山藩邸的東京府廳舍

至於東京府廳舍，最初是位於內幸町的郡山藩邸。1889（明治22）年搬遷到丸之內，1894（明治27）年，由妻木賴黃設計的德式紅磚瓦二層建築完工，成為新的東京府廳舍。東京市廳舍就設在府廳舍內。

1943（昭和18）年，東京府與東京市合併，成為東京都。但由於原本的廳舍在二戰中燒毀，於是在舊址採用丹下健三的設計案，興建了第一本廳舍。現在位於新宿副都心的廳舍是1990（平成2）年，同樣由丹下健三設計興建。

除了上述的建築物之外，下面列舉10件從明治開始歷經關東大地震，於二戰前為止重建，一直保留至今的代表性建築，但不代表是最優秀的十大建築。

◆建築師伊東忠太的代表作——築地本願寺

設計鹿鳴館的喬賽亞．康德，在晚年1915（大正4）年設計的「島津邸」位於東五反田，現在作為清泉女子大學本館保留下來。在為木造西式建築費盡苦心的時代，最具代表性的就是1890（明治23）年的「上野奏樂堂」。豪宅的代表作是池之端的「岩崎邸」，大約建於1894（明治27）年左右。躋身一流國家的明治日本使出渾身解數建造的西式建築，就是由辰野金吾設計的「日本銀行」。

軍方的建築幾乎沒有留下，但北之丸的

「舊近衛師團司令部廳舍」好不容易保留了下來。「東京車站」也是辰野金吾設計的作品，於1914（大正3）年完成。關東大地震後象徵日本經濟復甦的美式辦公大樓，是位於日本橋的「三井本館」，於1929（昭和4）年興建。神宮外苑的「繪畫館」是為了思念明治天皇的遺德而興建的建築，非常具有紀念性，於1926（大正15）年完成。「築地本願寺」是將東洋的傳統應用在近代建築的作品，由伊東忠太設計。

「東京國立博物館」是在鋼筋水泥的建築物上加上磚瓦的屋頂，屬於帝冠樣式建築的代表作。另外，「第一生命本館」是戰前最後一個展示現代主義光輝的知名建築物，戰後，GHQ就設在這裡。

◆從「巨大農村」到「毫無章法」

關東大地震後，後藤新平出任復興院總裁，強行對東京進行大改造，擺脫江戶時代京城的影子。相對於此，在安井誠一郎知事的方針之下，以生活為第一優先，結果卻陷入被稱作「具大農村」的悲慘狀態。

之後，東京奧運的時候，如同「拼布工藝」一般，急就章地進行了許多工程，如在日本橋上興建高速公路等，也因此大致具備了現代都市的機能。從泡沫經濟時期開始，不斷興建許多世界知名的建築，對於這種毫無章法的建築方式雖然感到無力，但東京也因此成為了具有魅力的都市，這也是不爭的事實。

●保存至今的東京著名建築

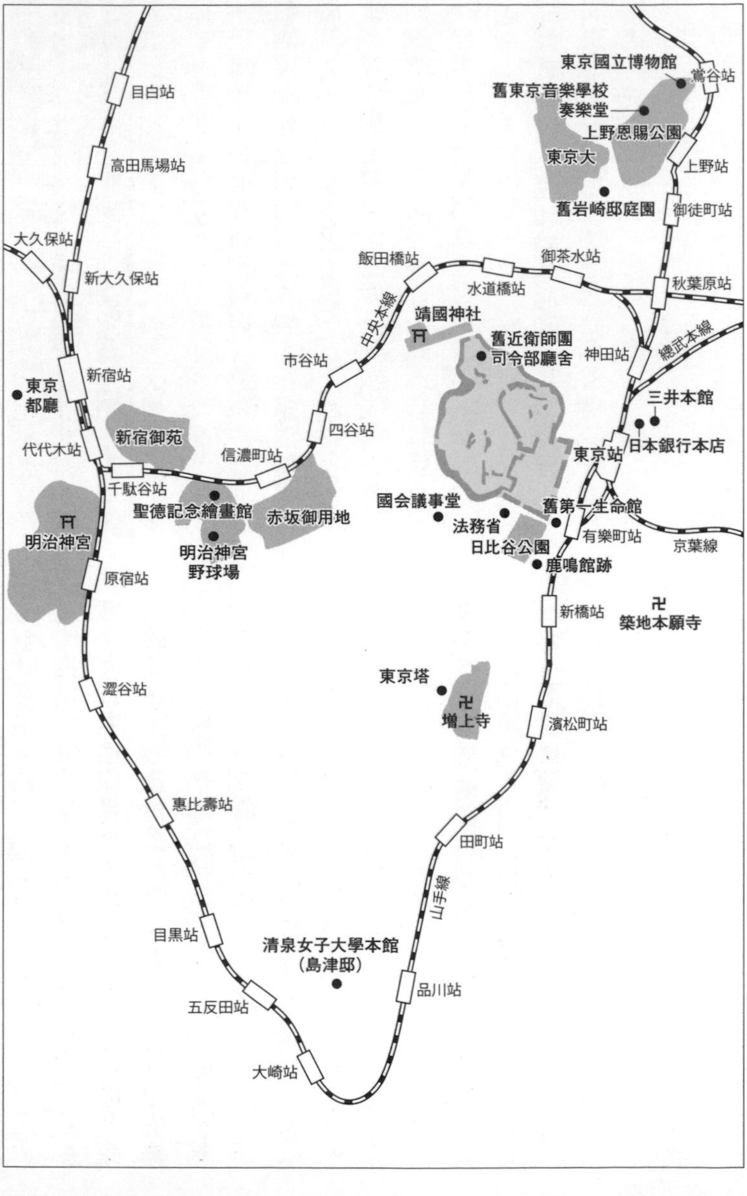

8 大日本帝國在外地建都的影子

二戰前的日本取得朝鮮和台灣，分別在京城（首爾）和台北設置總督府。另外，在北海道設置開拓使，暫時實施札幌、根室、函館的三縣制，後來才合併改成名為「道」的自治區。另外，將租借地關東州的大連整頓成為一個壯麗的大都會，也協助興建滿州國的首都新京。接下來針對這些地方逐一介紹。

◆棋盤式街道札幌和開拓使判官島義勇

開創北海道的是出身佐賀藩的開拓使判官島義勇。他曾說過：「河水遠流山峙隅，平原千里地膏腴（豐饒的土地），四通八達宜開府，他日五洲第一都」。都市構造學習京都，規劃棋盤式街道，將官民領域分開，同時也是防火道的大通公園成為了都市的點綴。

大雪中也以烽火為印記繼續進行工程，但島義勇後來因為行事武斷和浪費預算而遭到替換，之後他因參加江藤新平的佐賀之亂而被處刑。然而，他依舊被認為是札幌的恩人而受到尊敬，在市公所和北海道神宮前立有他的銅像。另外，移建到道廳舊館和中島公園的豐平館，留下開拓時代的影子。

◆保存在首爾的日本統治時代著名建築

百濟時代的首都是首爾附近的慰禮城，之後也是重要據點，進入李氏朝鮮時代後，這裡成為了首都漢城。原本是王宮中心的景福宮在豐臣秀吉的文祿慶長之役中，被民眾掠奪一空，最後遭到燒毀（在此強調，並不是日本軍隊放火燒毀）。

之後朝鮮王使用昌德宮，高宗的父親大院君重建景福宮。高宗使用的是現在的德壽宮，純宗使用的則是昌德宮。

日韓合併之後，在景福宮南邊的部分興建了巨大的總督府（1916年破土，26年完工），景福宮的主要部分在總督府的後面，被保留了下來。這時候的景福宮已經不是主要使用的王宮，京都御所和江戶城也都是拆除大多數的建築物，僅保留主要部分，因此稱不上是不合理的措施。

另外，1929（昭和4）年在景福宮舉辦了大博覽會，總督府甚至特地讓朝鮮人有機會親近故宮。

總督府在二戰後依舊被當作中央政府機關使用，1986（昭和61）年改為國立中央博物館，1996（平成8）年解體。

日本統治時代的京城主要道路是像巴黎香榭大道一般的大路，從總督府前直行南下，在德壽宮前廣場設有京城府廳。一直到最近為止都被當作首爾市公所使用，但新的市公所蓋好之後，對於舊京城府廳應該拆除還是只保留外觀引發爭論，結果決定保留。

從這裡往西後南下，經過南大門（近年被放火燒毀後重建）後，就可以抵達與東京車站相似的京城車站。這個車站現在依舊健在。

◆日本人建設的都市——大連

在台北，1907（明治40）年，官報登出台灣總督府新廳舍的設計懸賞公告。這是日本首次的正式設計比稿。結果在甲等獎從缺的情況下，由設計東京車站的辰野金吾的弟子長野宇平治獲得乙等獎，以他的設計案為基礎，辰野金吾等人將中央塔的高度加高到六十公尺等，設計經過大幅修正後開始動工，於

1919（大正8）年完工。二戰中部份遭到損壞，後來經過修復，現在是現役「中華民國總統府」。

外地的大連和新京也是日本人建設的都市。大連在日清戰爭後三國干涉，在俄羅斯租借時代，規劃了有如巴黎一般的都市計畫，但實際的建設幾乎都是進入日本租借時代之後才開始動工。

現在保留下來的主要建築包括大和飯店（大連賓館）、滿鐵本社（大鐵路分局）、市公所（中國工商銀行）、橫濱正金銀行（中國銀行）、大連車站、滿鐵大連醫院（大連鐵路醫院）、大連第二埠頭船客等待室、大連埠頭事務所等。大連車站和東京的上野車站幾乎一模一樣。

◆以紫禁城為模型的興亞樣式

作為滿州國的首都興建的都市是新京。位於滿鐵要地的長春西南郊外，新都市的樣貌和規模類似美國華盛頓。當初的構想是在新宮殿前開拓一條順天大街，官廳街就設在兩旁。但新宮殿的工程中途喊停，這個地區現在成為吉林大學的設施。

滿州國皇帝溥儀一直居住的臨時宮殿位於被稱為滿鐵附屬地的舊市區東北。過去吉林和黑龍江省的鹽專賣局，加上新的建築物，現在成為皇宮博物院。

此外，關東軍司令部改為中國共產黨委員會，滿州國軍事部成為吉林醫科大學醫院，中央銀行則成了中國人民銀行的分行。

建築物的樣式稱作興亞樣式，與日本的帝冠樣式同為鋼筋水泥建築，上面有磚瓦的屋頂，可說是以紫禁城為模型的中國風建築。

●滿鐵時代的大連車站(二戰前的明信片)

●關東軍司令部(二戰前的明信片)

9 被擱置的首都機能移轉計畫

遷都東京之後，曾有多次再度遷都的動向。下面將介紹這些動向的過程，並思考今後該如何看待日本的首都。

◆不為人知的「遷都廣島」

首先介紹的是日清戰爭時，將實質上的首都機能遷到廣島的故事。由於當時的通訊不方便，因此將大本營設在近戰場的廣島。大本營設在位於廣島城本丸御殿遺址的第5師團司令部，從1894（明治27）年9月15日起的二百二十七日間，明治天皇也實際滯留廣島城。同年10月召開的第七屆帝會議也在西練兵場的廣島臨時議事堂舉行。中電（中國電力）基町大樓的7-11廣島縣廳前店前立有紀念碑。這是明治遷都之後，唯一一次正式將首都機能遷出東京的例子。

到了明治時期尾聲，東國治理逐漸上軌道，開始出現天皇應該回到京都的意見。實際上，正如廣島大本營的例子，從全國人口分布來看，人口明顯偏東，再加上如果要往朝鮮和台灣發展，則東京有許多不方便的地方。另外，東京面朝東京灣，如果敵人從相模灣或外房方面上陸，則難以防禦，且防空的守備也薄弱，因此東京並不是一個適合做為首都的地方。

關東大地震後，遷都的計畫更加具體。奉命評估的陸軍今村均少佐（後來升為大將）提出①京城南方的南山；②兵庫縣的加古川附近；③東京府八王子等三處作為候選地。

然而，東京市民擔心遷都而引發騷動，再

●首都機能轉移候選地

加上東京地主的壓力，政府於是很快宣布維持東京為帝都。

之後，後藤新平花費大筆費用，帶頭進行帝都復興計畫。東京也因此改頭換面成為近代的帝都，但條件上其實不適合做為首都這一點並沒有改變。

◆將首都遷到濱名湖周邊的構想

1965（昭和40）年，首都遷移再度成為話題。擔任建設大臣、同時是田中角榮的前建設族（譯註：精通建設的議員）大老河野一郎，規劃了宏大的國土計劃，除了新幹線、明石大橋、筑波研究學園都市、京都國際會館之外，同時構想將首都遷移到濱名湖周邊。

然而，河野死後，這個根本的解決方式也被放棄，改變方針，認為只要全國各地方便前往東京即可。

另一方面，這時候的大阪和京都實施革新府政，也因此在大阪萬國博覽會後錯失大幅發展的機會，將經濟資源浪費在改善眼前的生活上，企業總公司離開大阪的浪潮不斷。同時，工廠和大學也逐漸移往郊外或地方。

到了1980年代後半，中曾根康政權主張：「為了讓東京成為世界級都市，必須集中在東京」，這也成為泡沫經濟的導火線。之後首都機能遷移問題經常被提出，我也是主張遷移的其中一人，提出過各種想法。

◆遭到擱置的三個候選地

經過一波三折，議員立法制定了「國會等移轉相關法律」，①那須方面（栃木、福島）；②東濃（岐阜）；③畿央高原（三重、滋賀、京都、奈良）3地成為了候選地，評估在十五年內搬遷國會和主要政府機關的可行性。

那須屬於巴西利亞型，東濃屬於華盛頓型，而畿央則不具備所有機能，必須依靠名古屋、京都、大阪補足，類似於波昂。然而，泡沫經濟後歸於平靜，這個計畫也被擱置。

計畫遭到擱置的背後還有另外一個理由。那就是，推薦那須的勢力原本是提出將仙台打造成第二首都構想的人們。他們主張，如果東京不在日本的中心，那麼開發東北，將西日本的人口移到東北，那麼東京就會是日本的正中心。這些人推出那須，等於像是在對首都機能移轉的構想進行「自殺式恐怖攻擊」。而且，他們主張就算東北發生災害，規模也不至於致命，現在想想，真的是不智之舉。

然而，從小泉內閣的時候開始，所有機能又全部集中在東京。雖然有人提出大阪副都構想或大阪都構想，但都沒有與京都或其他都市合作，非常可惜。

◆好不容易開始進行的文化廳遷移京都計畫

另外，關於將一部分機關遷移至其他都市的計畫，雖然在竹下內閣的時候決定一省廳要有一個機關遷移，但由於將哪一個機關遷到哪一個都市的具體內容交由各省廳決定，只要是東京二十三區之外，哪裡都可以。因此，許多機關採取遷移到川崎、埼玉、幕張等打模糊仗的方式應對。這與同時期巴黎進行大規模政府機關遷往地方的做法完全不同。

然而，到了安倍內閣之後，這個問題再度浮上檯面，暫且決定將文化廳移往京都，為之後其他機關的遷移計畫帶來了一點希望。

過去的首都，從高台看過去的街景、蛋堡、拿波里灣、維蘇威火山等風景迷人。郊外的加埃塔宮殿也被列為世界遺產，人氣上升。

巴勒莫曾被諾曼第人和阿拉伯人統治，是一個具有異國風情的古都。在義大利中部，過去曾是西羅馬帝國首都的拉文納有許多拜占庭樣式的教會。

西班牙科羅多瓦以改造伊斯蘭清真寺而成的科爾多瓦主教座堂出名。塞維亞是哥倫布航海的出發地，留有吉拉達鐘樓。以阿蘭布拉宮出名的格拉納達是伊斯蘭統治時期的首都，非常受到歡迎。伊斯蘭統治時期前的西哥特王國以托萊多為首都。簡單純樸的街景讓人感受到西班牙的另外一個面貌。這裡同時也是與畫家艾爾·格雷考淵源深遠的地方。

● 一直以來的首都巴黎和具有魅力的其他古都

法國巴黎自 498 年克洛維一世建立基督教國的法蘭克王國之後，在歷史上一直都是首都。然而，其他還有許多稱得上是古都的魅力都市。

凡爾賽是自路易十四世興建宮殿以來，一直到法國大革命為止都是實質上的首都。一直到現在，國民會議和元老院的兩院共同會議還是在這裡舉行，審議憲法改正等重要法案。有名的「鏡廳」是德國帝國建國宣言、第一次世界大戰和約簽署的地點。盧瓦爾流域有香波爾、舍農索等城堡，一直到十六世紀宗教戰爭為止，皇族經常滯留在這些莊園城堡裡。在南法，艾克斯普羅旺斯是普羅旺斯伯爵領地的首都，也是畫家塞尚生活的地方。亞爾是法蘭克王國分裂後勃艮第公國的首都。這裡有圓形競技場，還有曾出現在梵谷畫中的釣橋。

世界的古都 ……………… 歐洲篇

● 以倫敦為首都的英國神武天皇

在英國，1066 年征服英格蘭的法國諾曼第公爵威廉一世是相當於日本神武天皇一般的存在。他在首都倫敦興建的倫敦塔一直到十七世紀為止都被當作王宮使用。裡面展示有鑲著世界最大鑽石的王冠。

由於伊莉莎白女王一直住在倫敦，蘇格蘭的愛丁堡也因此得以保持古都的風情。愛丁堡城位於市中心的山丘上，而女王避暑地的荷里路德宮則是過去「悲劇女王」瑪莉一世居住過的地方。

德國亞琛是過去法蘭克王國查理大帝的宮廷所在地，留下了八角形的禮拜堂。在遷移到法蘭克福之前，這裡一直是神聖羅馬帝國加冕儀式的場地。

神聖羅馬帝國並沒有一個確切的首都，但捷克的布拉格在查理四世時作為實質上的首都蓬勃發展，現在還可以看到當時的影子。伏爾塔瓦河上的查理大橋、布拉格城，以及猶太人居住區值得一看。近代的首都是普魯士的柏林，郊外的波茨坦可說是德國的凡爾賽，留有腓特烈二世的宮殿。

● 義大利有許多非常有名的觀光都市

在俄羅斯帝國，彼得大帝雖然在波羅的海沿岸建造了西歐風格的聖彼得堡，但加冕儀式在莫斯科舉行。莫斯科也反倒因此成為了保留俄羅斯風味的舊都。克里姆林宮的聖母安息主教座堂就是加冕儀式的舉行地。在聖彼得堡，過去曾是葉卡捷琳娜女帝宮殿的埃爾米塔日博物館值得一看，市區完整保留了十八世紀之美。

義大利除了羅馬之外，翡冷翠、錫耶納、威尼斯、波隆納、米蘭等古都都是非常有名的觀光都市，杜林是義大利薩丁尼亞王國過去的首都，也是汽車公司 FIAT 的根據地。拿坡里是兩西西里王國

國家圖書館出版品預行編目(CIP)資料

日本古都圖解事典：影響日本歷史的城市53問 / 八幡和郎著．──初版．──新北市：遠足文化，2017.04──(浮世繪；24)
譯自：知れば知るほどおもしろい：日本の古都がわかる事典
ISBN 978-986-94425-6-5 (平裝)
1. 古都 2. 人文地理 3. 日本

731.85　　106004284

浮世繪 24

影響日本歷史的城市53問
日本古都圖解事典
知れば知るほどおもしろい 日本の古都がわかる事典

作者──八幡 和郎
譯者──陳心慧
總編輯──郭昕詠
副主編──賴虹伶
編輯──陳柔君、王凱林、徐昉驊
通路行銷─何冠龍
封面設計─霧室
排版──簡單瑛設

社長──郭重興
發行人兼
出版總監─曾大福
出版者──遠足文化事業股份有限公司
地址──231 新北市新店區民權路108-2號9樓
電話──(02)2218-1417
傳真──(02)2218-1142
電郵──service@sinobooks.com.tw
郵撥帳號─19504465
客服專線─0800-221-029
部落格──http://777walkers.blogspot.com/
網址──http://www.bookrep.com.tw
法律顧問─華洋法律事務所 蘇文生律師
印製──呈靖彩藝有限公司

初版一刷 2017年04月
Printed in Taiwan